寻味
南京

李娟 著

北京出版集团公司
北京出版社

图书在版编目（CIP）数据

寻味南京 / 李娟著. — 北京：北京出版社，2019.9
 ISBN 978-7-200-15077-3

Ⅰ. ①寻… Ⅱ. ①李… Ⅲ. ①旅游指南 — 南京②饮食 — 文化 — 南京 Ⅳ. ①K928.953.1 ②TS971.202.531

中国版本图书馆CIP数据核字（2019）第151175号

寻味南京
XUNWEI NANJING
李娟 著
*
北 京 出 版 集 团 公 司 出版
北 京 出 版 社
（北京北三环中路6号）
邮政编码：100120

网　　址：www.bph.com.cn
北 京 出 版 集 团 公 司 总 发 行
新 华 书 店 经 销
三河市嘉科万达彩色印刷有限公司印刷
*
880毫米×1230毫米　32开本　6印张　196千字
2019年9月第1版　2019年9月第1次印刷
ISBN 978-7-200-15077-3
定价：49.80元
如有印装质量问题，由本社负责调换
质量监督电话：010-58572393

近几年,淮扬菜热得很。来到江南,不吃淮扬菜,会错过太多精彩。而笼罩在淮扬菜盛名之下的金陵菜,却被遮掩了太多风采。来到南京,泛舟于秦淮河,但闻丝竹声声,是时候驻足细细品咂一番风味纯正的金陵菜,与历史对饮,与云烟对唱了。

金陵菜,又称"京苏菜",指的是以南京为中心,一直延伸至江西九江的菜系,亦是苏菜四大代表菜之一。若要追根溯源,金陵菜初起先秦,至隋唐年间已负盛名,至明清年间自成一派,追捧者甚众。秦淮河畔,烟雨朦胧,这些注定了金陵菜多以鲜活的水产为原料,食材重鲜活,刀工重精细,善于煨、煮、焖、烤、炖等各色烹饪技艺。金陵名肴,其口味之平和醇厚,其风味之鲜香酥嫩,其菜品之精美细致,其格调之高贵典雅,无不令八方饕客念念不忘。毫不夸张地说,金陵菜肴就如一位大家闺秀,琴棋书画无一不通,令人倾心,赏心悦目。

唐宋年间,金陵的餐饮业就一派繁荣,正如杜牧在《泊秦淮》一诗中所云:"烟笼寒水月笼沙,夜泊秦淮近酒家。"北宋年间,陶谷著有《清异录》一书,其中提及建康:"有七妙:虀可照面,馄饨汤可注砚,饼可映字,饭可打擦擦台,湿面可穿结带,醋可作劝盏,寒具嚼着惊动十里人。"说的是:切碎捣烂的酸腌菜均匀而清洁,如明镜一般可以照出人面;馄饨的汤清澈宜人,可以入砚;饼薄如蝉翼,可以透过它看清楚下面的字迹;煮熟的米饭粒粒分明,柔和而有韧性；和好的面柔韧如同裙带，打成结而不断；醋味清新醇美，可以当成酒水，与人对饮；馓子香酥鲜脆，嚼在嘴里，清脆有声，可惊动方圆十里之内的人。金陵美食之精细雅致，由此可见一斑。

明朝年间，南京城内酒楼多达六七百座，茶社上千，夜幕降临，城内灯火通明，出门也无须带灯火照明。而金陵菜的巅峰时期应是民国年间。蒋介石、宋美龄、戴季陶、张学良、蒋经国、孔祥熙等，皆是金陵菜的忠实粉丝。

总体而言，金陵菜可分为四个体系：其一，是官府大菜；其二，是特有的素菜；其三，是清真菜；其四，是小吃。正宗的金陵菜，讲究的是七滋七味。所谓七滋，即"鲜、酥、烂、嫩、肥、浓、脆"，缺一不可；所谓七味，即"酸、甜、苦、辣、香、臭、咸"，面面俱到。金陵名肴，以咸为主，咸甜适度，唯有做到"苦中透香，酸而不涩，脆而不生，辣而不呛，肥而不腻，浓而绵长，淡而不薄"，才能称为一道带着历史风韵的金陵佳肴。

以金陵名肴"炖生敲"为例，其风味全在"敲"与"炖"上。可别小瞧了这一敲，若是敲得好，黄鳝瞬间变海参。而"炖生敲"以"炖"开头，炖工是这道菜的精髓，靠的全是火候：火少一分，则汤寡；火过一分，则肉老。火候得宜，鲜嫩肥美的鳝鱼色泽金黄，酥烂鲜香，入口即化。如此繁杂的工序，费时、费力、费工，烹饪出来的菜不再仅仅是菜，更是一份作品。《舌尖上的中国》的美食顾问二毛先生，曾将炒勺比作毛笔，锅碗瓢盆比作宣纸，作料比作墨水，食材比作题材……如此而言，烹饪一道菜正如写一幅书法作品，一心一念皆呈现于作品之中。

人生在世，吃喝是一件大事。吃什么呢？讲简单一点，吃饱喝足足矣；讲究一点，"吃香，吃味，品饮求道也"。这本小书，追求的既不是"简单"，也不是"讲究"，只愿寻着历史的风云，让怀着一颗热忱之心的饕客穿街走巷，寻觅一间闹市之中的小馆子，品味一番真正的金陵老味道。也许，它并非大众的，却是独一无二的，值得怀念的。

行前必知/08
必游景点 TOP10/10
人气美食 TOP10/12

行住玩购样样通/15

行在南京/16
住在南京/16
玩在南京/17
购在南京/17

玄武区
心之向往的舌尖美味/19

鸭血粉丝汤　南北咸宜的平和美味/20
美龄沙拉　集美貌与营养于一体/22
如意回卤干　朱元璋的如意菜/24
金丝凤尾虾　烟雨金陵的一抹艳色/27
炖生敲　艳绝金陵的醇厚味/30

南京素什锦　曾经的年夜饭"头牌"/32
雨花石汤圆　重得返自然/35

秦淮区
十里秦淮的活色生香/39

盐水鸭　桂花香里说丰年/40
南京小笼包　最浓郁的一口汤汁/42
开洋干丝　干而不碎，嫩而不老/44
鸭油酥烧饼　香酥浓郁余味久/46
桂花蜜汁藕　扑鼻而来的香甜味儿/49
雨花茶　茶香悠悠沁人心脾/52
状元豆　香气浓郁的好彩头/54
什锦豆腐涝　喝出似锦前程/56
桂花汤圆　悠悠桂花香/58
黄桥烧饼　几经风霜的老味道/61
麻油素干丝　咸中透甜，甜中透鲜/64
炖菜核　青菜中的名肴/67
阿婆五香蛋　记忆里的醇香美味/69

鼓楼区
心驰神往的经典之味 / 73

美人肝　人间真美味 / 74
蛋烧卖　不失本色的招牌菜 / 76
糖粥藕　清新飘逸的夜宵 / 78
杨家馄饨　鲜嫩多汁的市井味 / 81
金陵大肉包　一个就管饱 / 84
菊花脑蛋花汤　清热降火 / 86

建邺区
迎来送往的人气美食 / 89

少帅红烧肉　香气袭人，不同凡响 / 90
砂锅粉丝煲　冬日里的享受 / 92
长鱼面　诱人的鲜香 / 94
砂锅海参粥　清香又营养 / 97
萝卜丝端子　老南京人都知道的油酥味 / 100

雨花台区
众味和谐的人间至鲜 / 103

金陵烤鸭　京师美馔的前世今生 / 104
糯米包油条　咸甜两宜的风味早点 / 107
金陵狮子头　肥而不腻的那口松软 / 110
砂锅鱼头　汤水里的雅致韵味 / 113

栖霞区
传承千年的古城风味 / 117

南京三草　缥缈烟雨中的山野珍馐 / 118
牛肉锅贴　咸中透甜的秦淮绝味 / 121
凉拌栀子花　清凉去火的盛夏冷盘 / 123
拆烩鸭舌掌　最动人的清与醇 / 126
炸年糕　步步高升好彩头 / 129
梅花糕　入口回味无穷 / 132

浦口区
浓厚清鲜的舌尖诱惑/135

桂花糖芋苗　香甜里的四季轮回/136
担子蒸儿糕　淡淡的米粉清香/139
小鱼锅贴　悠悠湖畔的一抹鲜活/141
牛肉汤　一家熬汤四邻香/143

六合区
清新宜人的时鲜野味/147

六合猪头肉　闻之开胃，入口即化/148
六合盆牛脯　百食不厌味悠长/150
六合头道菜　骨香味浓永难忘/153
南京香肚　舌尖上的"独居尊"/156

江宁区
化腐朽为神奇的炖焖煨焐/159

美龄粥　旧时王谢堂前燕/160

芦蒿炒香干　酥嫩鲜香的平和之味/162
老南京熏鱼　但求年年有余/164
东山老鹅　慢火熬出的醇香/166
虾黄豆腐　难以抵挡的舌尖诱惑/168
大碗皮肚面　浓浓猪油香/170

溧水区
精雕细琢的色香味相/173

玉带糕　一品玉带俏江南/174
香菇蒸饺　嘴中弥漫的清馨/177
南京臭豆腐　败絮其表，金玉其中/179

高淳区
街头巷尾的人间美味/183

蟹黄汤包　皮薄如纸吹弹可破/184
固城湖大闸蟹　人间的至鲜美味/186
老街豆腐　舌尖上的清新豆香/189

行前必知

【南京印象】

南京，古称金陵、建康，是中国四大古都之一，有"六朝古都"之称，今为江苏省省会。南京具有深厚的文化底蕴，是首批国家历史文化名城，中华文明的重要发祥地之一。

【地理】

南京地处中国东部，位于长江下游中部地区，濒江近海。南京是国家区域中心城市，全市下辖11个区，总面积6587.02平方千米，是长三角地区及华东地区的特大城市。

【气候】

南京四季分明，降雨较多，属北亚热带湿润气候。每年6月下旬到7月上旬为梅雨季节。

【历史】

公元229年，孙权称帝后在此建都，此后几百年，东晋和南朝的刘宋、萧齐、萧梁、陈均相继在南京建都，故南京有"六朝古都"之称。继此之后，南京又先后成为杨吴西都、南唐国都、南宋行都、明朝京师、太平天国天京、中华民国首都,故南京又被称为"十朝都会"。

【民族与宗教】

南京是少数民族人口较多的城市,常住少数民族人口近10万人,除了德昂族,其他54个少数民族,在南京都有居住。南京有佛教、伊斯兰教、天主教、基督教、道教五大宗教,信仰宗教的群众共约40万人。

【文化与艺术】

南京自古以来就是一座崇文重教的城市,有"天下文枢""东南第一学"的美誉。

南京在历史上曾拥有各类学校,上至太学、府学,下到县学、义学。晚清之后废除科举,始兴学堂,南京适应时代发展,迅速涌现出各种现代的大学、专业学校和中小学堂。南京虽然经历了频繁的政权更迭,无法产生盛世文化,但这种偏安王朝的文化底色,形成了南京宫廷文化和市井文化相互补充并行、凝重而灵动的文化形态。

【美食偏好】

南京菜又称"金陵菜",既强调对火候的把握,又非常注重刀工,对精细度有极高的要求。菜品既保留了南方菜系的鲜香酥嫩,又吸取了北方美食的入味十足。

南京菜的代表是传承百年的四大名菜:凤尾虾、松鼠鱼、美味肝、蛋烧卖。南京人喜食鸡鸭,对于鸡鸭美食的烹饪功底也十分深厚,创造了诸如鸭血粉丝汤、盐水鸭、鸡汁汤包等一系列具有代表性的南京美食,并传播各地。

必游景点 TOP10

【夫子庙—秦淮风光带】

夫子庙—秦淮风光带是南京最繁华的地带,被誉为"十里珠帘"。这里庙市合一,以夫子庙为中心,秦淮河为纽带,沿途景观包括夫子庙、瞻园、白鹭洲公园、中华门,以及从桃叶渡至镇淮桥一带的秦淮水上游船和沿河楼阁景观。

【江南贡院】

江南贡院又称南京贡院、建康贡院,在中国文化史上具有非常重要的地位,是古代中国南方地区开科取士之地,也是中国古代规模最大的科举考场。江南贡院是夫子庙—秦淮风光带最重要的组成部分。

【南京总统府景区】

南京总统府是国家AAAA级景区,至今已有600多年的历史。清代时被辟为江宁织造署、两江总督署等,清康熙和乾隆南巡时均以此为行宫。太平天国定都南京后,也是在此基础上扩建为天王府。

【侵华日军南京大屠杀遇难同胞纪念馆】

侵华日军南京大屠杀遇难同胞纪念馆是中国首批国家一级博物馆、首批全国爱国主义教育示范基地,也是国际公认的"二战"期间三大惨案纪念馆之一。

【明孝陵】

明孝陵是明太祖朱元璋与其皇后的合葬陵墓。它总体布局气魄恢宏,雄伟壮观,图案清晰,技艺高超,特别是明孝陵的神道长达2400米,曲折幽深,呈S形,迥异于历代帝王陵墓前开阔直达的神道形制。

【大报恩寺】

大报恩寺是中国历史上最悠久的佛教寺庙。这座寺庙是明成祖朱棣为其母亲而建,施工极其考究,完全按照皇宫的标准营建,金碧辉煌。整个寺院规模极其宏大,是中国历史上规模最大、规格最高的寺院,为百寺之首。

【乌衣巷】

乌衣巷地处夫子庙—秦淮风光带核心地带,可以说是中国历史上最古老和著名的古巷。这里名人辈出,走出了王羲之、王献之,以及山水诗派鼻祖谢灵运等文化巨匠。唐代诗人刘禹锡写过《乌衣巷》一诗,诗中所描写的正是这里。

【江宁织造博物馆】

江宁织造博物馆是在原江宁织造署旧址上建造的一座现代博物馆,由著名建筑学家、两院院士吴良镛先生担纲设计。建筑整体是中国园林风格,建筑群北高南低。博物馆内复建了织造署中原有的西池、萱瑞堂、西堂、楝亭等建筑,是现代建筑和传统园林建筑结合的经典之作,也是展示《红楼梦》历史和文化的最大、最新的博物馆。

【玄武湖公园】

玄武湖公园是国家AAAA级旅游景区,是中国最大的皇家园林湖泊,是江南地区最大的城内公园,也是中国仅存的江南皇家园林,被誉为"金陵明珠"。

【雨花台风景区】

雨花台风景区,简称雨花台,是一座松柏环抱的秀丽山岗,其顶部呈平台状。园内有古迹、生态密林、陵园、雨花石等,内容很丰富。

人气美食 TOP 10

【鸭血粉丝汤】

鸭血粉丝汤是南京的传统名吃，久负盛名，也是以鸭为特色的美食之一。其口味平和，鲜香爽滑，南北皆宜，也因此风靡全国各地。

【秦淮八绝】

秦淮八绝是指南京八种最有秦淮风味的特色小吃，分别为永和园的黄桥烧饼和开洋干丝、蒋有记的牛肉汤和牛肉锅贴、六凤居的豆腐涝和葱油饼、奇芳阁的鸭油酥烧饼和什锦菜包、奇芳阁的麻油素干丝和鸡丝浇面、莲湖糕团店的桂花夹心小元宵和五色小糕、瞻园面馆的熏鱼银丝面和薄皮包饺、魁光阁的五香豆和五香蛋。

【南京盐水鸭】

南京盐水鸭久负盛名，至今已有2000多年历史。每年中秋节前后桂花盛开，此时制作的盐水鸭肥而不腻，色味最佳，因此盐水鸭又名"桂花鸭"。

【鸭油烧饼】

鸭油烧饼是南京的特色传统名点，用鸭油和制，选料、火候、制作都非常讲究。制好的烧饼层次分明，入口香酥，余味久存。

【什锦豆腐涝】

豆腐涝也叫豆腐脑、豆腐花，南京话音为"都不老"，是南京城街头巷尾常见的一道特色美食。

【牛肉锅贴】

牛肉锅贴是南京最地道的经典小吃之一，其形状与饺子类似，但比饺子更加细长，口味咸中带甜，酥脆爽口，让人食之难忘。

【梅花糕】

梅花糕源于苏州，流行于江南地区，现在已成为南京最具特色的传统糕点类小吃。梅花糕形如梅花，呈金黄色，鲜甜爽口，为小吃中之佳品。

【六合牛脯】

六合牛脯是南京六合区一道历史悠久的风味小吃，迄今已有逾百年历史。六合牛脯肉色红艳，脯肉不散，又香又酥，不仅可以增加食欲，还能滋补身体。

【桂花糖芋苗】

桂花糖芋苗是南京街头的一道传统甜点，和赤豆酒酿小圆子、桂花蜜汁藕、梅花糕并称为金陵城四大最具人情味的街头小吃。经糖水浸泡的芋苗酥软香甜、润滑爽口，散发着浓郁的桂花香，会让初来金陵的一众饕客久食不厌。

【蛋烧卖】

蛋烧卖是南京的一道传统名吃，也是南京百年老字号"马祥兴"清真菜馆的四大名肴之一。马祥兴的蛋烧卖以虾肉为馅儿，用薄薄的鸡蛋皮包裹成烧卖状，上笼蒸熟后再淋上些许鲜汁。它造型雅致，鲜嫩美味，让人食而忘忧。

行住玩购样样通 >>>>>

行在南京

如何到达

飞机

南京禄口国际机场位于南京市江宁区，是国家主要干线机场。

火车

南京火车站有南京站、南京南站、南京东站，新南京北站在规划中。南京站是中国唯一临湖依山的火车站，被誉为"中国最美火车站"。南京南站是亚洲第一大火车站。

市内交通

公交

南京的公交非常便捷，基本上在任何一个路段上，都有公交车。

地铁

截至2018年年底，南京地铁共有10条线路，在南京坐地铁很方便。

出租车

南京交通发达，出租车众多，路边招手即停。

住在南京

南京夫子庙国际青年旅舍

地址　秦淮区平江府路68号
电话　025-86625133
价格　102元起

该旅舍是南京最早的一家国际青旅，建筑风格清雅。坐在露天阳台上，可以一览秦淮河的美丽夜景。

南京古南都五D枕酒店

地址　秦淮区解放南路68-9号
电话　025-87717999
价格　249元起

该酒店位于繁华的瑞金路商业区，环境优美，交通便利，紧邻夫子庙景区、总统府景区。

玩在南京

南京总统府

地址　玄武区长江路292号
门票　40元

　　总统府内景色优美,中西结合,保留了江南古典园林的格局,府内有亭台楼阁和小桥流水。墙上不时出现的孙中山、蒋介石、宋美龄等人的照片见证了这个院落曾经的辉煌。

南京夫子庙

地址　秦淮区中华门内秦淮河北岸
门票　夫子庙大成殿30元

　　南京夫子庙建筑群主要由孔庙、江南贡院、学宫荟萃而成,是夫子庙—秦淮风光带中的精华,也是秦淮河畔的标志性建筑。这里是南京民俗和小吃集中地,可谓最具老南京风味的地方。

购在南京

南京云锦

店铺　南京云锦专卖店
电话　025-57711881
价格　几百元到上万元不等

　　云锦色泽灿烂,用料考究,织造精细,美如天上云霞。云锦沿用传统的提花木机织造,完全靠人的记忆手工编织,有"寸锦寸金"之称。云锦代表了中国丝织工艺的最高成就。

南京雨花茶

店铺　钟山雨花茶·伴手礼商店
电话　无
价格　每500克1000~5000元

　　雨花茶是南京特产,也是全国十大名茶之一。它外形圆绿,带有白毫,如同松针一般。茶色碧绿清澈,香气清雅,回味甘甜,有止渴清神、消食利尿等功效。

玄武区
心之向往的舌尖美味 >>>>>

　　玄武湖畔,人文荟萃。触摸饱经风霜的明城墙,流连于松涛万顷的紫金山,徜徉于浓郁民国风情的总统府,光是一道地道的金陵美食,就能将你带回那个让人向往的黄金年代。

南京大牌档（中山陵店）

地址　玄武区中山门大街9号（近中山陵风景区）

电话　4001877177

鸭血粉丝汤
南北咸宜的平和美味

南京人爱吃、会吃，尤其讲究食材的新鲜和顺应时节。南京人匠心独运，即使是一只再普通不过的鸭子，也能吃出百般花样来，但其中最让老南京垂涎的也许还是冬日里那一碗热气腾腾的鸭血粉丝汤。鸭血粉丝汤，又被南京人称为"鸭血粉丝"，是南京当地的传统名吃之一，也是久负盛名的一种鸭味特色美食。鸭血粉丝汤，顾名思义，就是将鸭血、鸭肝和鸭肠及榨菜等放入鸭汤之中，和粉丝一同熬制。鸭血粉丝汤口味平和，爽滑鲜香，南北皆宜，因而得以风靡全国各地。

南京素有"金陵鸭肴甲天下"之美誉。南京的鸭肴已经有1400余年历史。鸭血粉丝汤的雏形是鸭血汤，在汤里面放入鸭血、鸭肝、鸭肠和鸭胗等食材一同熬煮。到了清朝，有人将粉丝放入鸭血汤内一同熬制，熬出来的汤汁芳香四溢，卖相也让人食欲大增，由此，鸭血粉丝汤成为南京的一道佳肴。另有一个传说是，鸭血汤最初是由镇江的落第秀才梅茗首创的。镇江人学会了这道佳肴的制作方法，来到南京经营起了小吃店，并改良了传统的鸭血汤，放入了粉丝。

且不说鸭血粉丝汤究竟是南京自创的,还是镇江改良的,有一点是可以肯定的:鸭血粉丝汤无论是烹制鸭汤,还是制作鸭血、鸭肠和鸭肝,所采用的都是传统制作金陵盐水鸭的方法,这是金陵菜中最具代表性的制作方法之一。

来到南京,正值初冬时节,天空中零零星星飘着小雨,空气里透着沁人心脾的凉意。傍晚华灯初上,天色已经昏暗了下来,路人们都紧紧裹着大衣,埋头行色匆匆。不知不觉间,就漫步到了中山门大街,同行的友人提议,不如晚饭去尝一尝附近的南京大牌档。相信所有关注金陵美食的食客朋友对南京大牌档都不会觉得陌生,这家连锁饭店已成为南京人展示其独特菜系的一个经典的饭店品牌。

跟着友人,走了百余米,就来到了这家店。只见店里分布着20来间江南风情的小阁,楹联灯幌随处可见,更有身着古装的堂倌穿梭于桌台之间。这家古朴的饭店充盈着中国传统的民俗风情,古典而雅致,将清末民初酒肆茶楼的旧貌生动地呈现在了食客眼前。我与友人置身其间,看着灯影摇曳,听着江南小曲儿,一时之间只觉得恍若隔世。

随手翻了一下南京大牌档的菜谱,都是些南京小食,却琳琅满目,足有数百种田园时蔬和家常烹煮,口味也是最地道的金陵风味。我们毫不犹豫地点了作为招牌菜的鸭血粉丝汤,外加清炖狮子头和几样南京小食。上菜也是极快的,不过十来分钟,堂倌就陆陆续续将菜品都上齐了。鸭血粉丝汤量足,香气四溢,里面有鸭血、鸭杂,还有饱含着汤汁的豆泡儿及清新爽口的榨菜,满满一大碗,两人吃绰绰有余。随汤还送了一小碟辣椒油,口味比较重的人可以自行搭配。满满一碗鸭血粉丝汤下肚,再配上一些其他的清淡小食,一顿独具特色的金陵美食在那个寒冷的冬日里让我如沐春风,甚是怀念!

钟山宾馆

地址　玄武区中山东路307号（近太平北路）

电话　025-84818888

美龄沙拉
集美貌与营养于一体

在钟山宾馆的档案室内，陈列着不染纤尘的公文档案，上面记载着以蒋氏家族为主的饮食资料，其中以"蒋夫人早餐"最为有名。这份早餐看似简单质朴，实则每一种人体需要摄取的养分都把握得恰到好处，包括高纤维果汁、高纤维面包、煎蛋、少糖蛋糕、新鲜的时令水果、杏仁茶、不含咖啡因的咖啡……而在这些花样百出的营养早餐之中，又以"美龄沙拉"最为闻名遐迩。

作为中华民国第一夫人，一代名媛宋美龄自幼在美国留学，生活方式上非常洋派，回国以后，她也一直保留着西式的饮食习惯。当年与蒋氏家族私交密切的人都知道，宋美龄特别喜欢吃西餐，尤其是一道经过特别调配的果蔬沙拉。1927年，蒋介石与宋美龄结婚后，开始在南京汤山温泉别墅内常住。据当时的相关资料记载，宋美龄特别注重养生，作为一个在西方生活多年的新派女性，她对生吃蔬菜尤其讲究，几乎每一顿都会吃上一盘蔬菜沙拉。在宋美龄看来，虽然煮熟的蔬菜更易于消化，但蔬菜的组织结构都被高温破坏掉了，营养价值更是不能与新鲜蔬菜相提并论。宋美龄经常用来当早餐的果蔬沙拉一般包括生菜、胡萝卜、西芹、菠菜等蔬菜，再加上几片时令水果。

虽然南京许多高档酒店中都有因为深受蒋氏家族青睐而风靡一时的菜肴，但要想尝一尝地道的蒋氏菜肴，还得去钟山宾馆。钟山宾馆坐落于中山风景区的起点之处，建筑风格极具特色，是仿古的园林式宾馆。步入钟山宾馆的院落，只见朱户画梁，院内一棵棵古松参天，翠坪之上流水潺潺，散落着假山奇石。

步入钟山宾馆的餐厅内，服务员马上热情地迎了上来，将我和两位同行的朋友引入座上，并为我们沏了一壶热茶。经服务员推荐，我们点了几道蒋氏家族的特色菜肴，有蒋公素火腿、烟熏鱼、蒋公宝塔肉、美龄沙拉，外加一道美龄千层糕作为甜点。

不一会儿，美龄沙拉装在一个透明的大碗里，作为前菜被端上了桌。宋美龄最爱的生菜仍是这道沙拉的主料，鲜嫩多汁的生菜经人工扯碎，随意地铺在沙拉碗的最底层。黄瓜被切成了小片，铺在生菜和苦菊上，上面还随意放着一些西红柿、玉米和豌豆。旁边配有细盐、胡椒粉和特制的调味汁。

我撒了一些细盐和胡椒粉，倒了一些调味汁，拿起勺子和筷子，先将碗中的各类果蔬与调料搅拌均匀，再夹起一片生菜。生菜均匀地蘸着细盐、胡椒粉和调味料，除了生菜原本清新爽脆的口感之外，还有淡淡的咸味和恰到好处的辛辣味。我将生菜含在嘴中，大口大口地咀嚼，很是过瘾。

毫无疑问，在那个不乏美人和传奇的民国年代，宋美龄仍是其中的佼佼者。这位集东方的优雅与西方的时尚于一身的女性，即使在今日，仍以这道清新爽口又不失营养的"美龄沙拉"影响着南京的美食界。

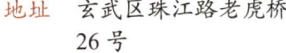

闻香阁

地址	玄武区珠江路老虎桥26号
电话	18951628499

如意回卤干

朱元璋的如意菜

如意回卤干，现在多被称为"回卤干"，是南京街头的一道传统小吃，历史悠久。将豆腐果放入荤香浓郁的鸡汤之中，佐以些许黄豆芽，再撒入调味料，一同煨煮，煮至豆腐果绵软即可出锅。

南京人吃小吃，讲究一个"说法"。比如"什锦豆腐涝"，加入什锦寓意"前程似锦"。再如，将五香豆称为"状元豆"，说"吃了状元豆，好中状元郎"。这如意回卤干，因为在煨煮过程中加入了豆芽，而豆芽的形态与古代玉器中的玉如意类似，所以得名"如意回卤干"。以豆芽来比喻吉祥如意，南京人愣是从这道街头小吃食中品出了一番吉祥富贵。

南京是历史悠久的六朝古都，南京人也愿意将南京的各色传统小吃与历史沾上边。就连这再普通不过的回卤干，据说也与明太祖朱元璋有着一段故事。传说，当年朱元璋在金陵登基，日复一日，早就吃腻了御膳房烹饪的山珍海味。一日，他心血来潮，决定微服出宫，尝一尝民间的美食。徜徉于金陵街头，朱元璋偶然遇见一家开在街头闹市的小吃店，油锅的滚油中正炸着豆腐果，豆腐果色泽金黄，油香浓郁，让朱元璋食欲大开。于是，他当即掏出一锭银子，让店主为他加工一碗豆腐果，好大快朵颐一番。店主见来人是一位有钱的主儿,当即将豆腐果放入正熬着浓郁鸡汤的汤锅之中,佐以少量清爽的黄豆芽,出锅前再撒入些许调味料,将绵软入味的豆腐果送到朱元璋面前。朱元璋吃一块豆腐果,接着喝一口汤汁,不一会儿,一碗豆腐果就见底了。朱元璋吃后连连称赞,回宫后不久,还派人专门去闹市寻觅这家店主,请去宫中为他做这道美味。

20世纪八九十年代,每天下午四五点钟,南京就会有许多小商贩挑着担子,走街串巷,卖着回卤干。只要听到"卖回卤干啰"的吆喝声,居住在附近的人们就纷纷出门,蜂拥而至。食客们有老有少,有男有女,你一碗,我一碗,不一会儿工夫,担子就见了底。来迟了的人自然是吃不到了,只能眼巴巴地看着,入夜之后在梦中期盼着第二天的吆喝声。

那时候,卖回卤干的担子前头放着一只圆形的紫铜锅,又大又深。锅里有两块铜板作为隔挡,一边盛的是煨煮好的香浓汤水,另一边是热腾腾的开水。下面的小火炉烧着煤炭,以保持汤水和热水的沸腾状态。此外,担子上面还一溜儿摆着各种半成品的配料,以及各色作料。回卤干做起来也简单,将豆腐果在油中炸至酥脆,放入熬着鸡汤的锅里煮,再放入黄豆芽、笋片、木耳,煮开以后,捞起各色食材,蘸上些许辣椒汁,就可以大快朵颐了。

位于珠江路上的闺香阁经营的是一些常见的家常菜品,比如小笼包、馄饨、熏鱼面、肥肉砂锅等,相比这些,我最爱的还是这道如意回卤干。热气腾腾、金灿灿的回卤干,黄澄澄的汤汁,不知不觉间就勾起了我的食欲。舀起一块豆腐果,轻轻吮吸掉渗入其中的汤汁,再纳入口中。炸豆腐果的火候很关键,炸得太嫩了会绵软易烂,太老了则不利于卤汁的渗入,唯有炸到如这碗回卤干中的豆腐果一般,四周金黄略焦、中间鼓鼓的,才是起锅的最佳时机。泡在汤汁里的豆芽清爽脆嫩,开胃解腻。笋片也很新鲜。吃罢汤水中的各色食材,我才舀起一匙汤水,慢慢品。这锅汤定是昨晚就熬了整整一夜,浓郁醇正,既有鸡汤的浓郁,又丝毫不油腻。

老南京的传统小吃食正逐渐从街头消失，对于老南京人而言，这是一件让人惆怅的事情。我仍记得幼年时常常跟着父亲去刘长兴吃一碗回卤干，那美好的滋味真让人毕生难忘。我多么希望这些见证了南京古城几多风雨与欢乐的小吃食能长存下去，让南来北往的食客们在大快朵颐的同时，能从中感受到老金陵的风韵。

东方珍珠饭店

地址　玄武区珠江路389号（近地铁3号线浮桥站2号出口）

电话　025-86883688

玄武区　心之向往的舌尖美味

金丝凤尾虾
烟雨金陵的一抹艳色

　　扬子江畔，金陵古城，十里秦淮河，巍峨紫金山。于南京人而言，上乘的美食应是一份返璞归真的菜肴，无须繁杂的烹饪技巧，蒸、煮、炖、煨、煎、炸足矣，而人世间的至鲜至美不过是山野间的时蔬，抑或秦淮河里摇曳生姿的鱼虾。来到金陵，无须用味蕾品啜，仅仅是那一道道菜肴的外观造型、色泽搭配，就足以让人流连忘返，恍惚间如面对着一件艺术品。提起菜肴的观赏价值，纵观金陵菜肴，恐怕没有哪一道能与"金丝凤尾虾"相提并论。

　　金丝凤尾虾是南京当地的一道传统名肴，也是京苏大菜的经典作品。这道菜肴以鲜活的河虾作为主料，佐以软嫩细腻的鸡蛋清和软糯爽口的豌豆，主色金黄与点点翠绿交相辉映，美不胜收。最难能可贵的是，这道金丝凤尾虾不仅能为食客带来视觉上的享受，而且烹饪手法简单，是最质朴、平和的家常风味。

　　金丝凤尾虾最初是由南京清真马祥兴菜馆的名厨创制的，当时蒋介石和宋美龄都很喜爱这道回民佳肴。不过，据说蒋介石夫妇并未去马祥兴吃过饭,但他们久闻这家百年老店的名气,经常请马祥兴送菜上门,或是请其名厨去总统府做菜,其中凤尾虾是每次必点的一道菜肴。1946年,宋美龄在美龄宫设宴招待周恩来夫妇,特意请来马祥兴的名厨马丁松、金宏义烹饪这道金丝凤尾虾。品尝完这道口味鲜美酥香、造型优雅别致的菜肴后,周恩来夫妇还在主人的陪同下特地去后厨看望两位厨师,称赞道:"久闻金丝凤尾虾是马祥兴的四大名肴之一,果真名不虚传。"

记忆中,我吃过的最美味的金丝凤尾虾,就出自奶奶之手。20年前,我还是个学龄儿童,爷爷奶奶住在新街口附近。我自幼爱吃河鲜,尤以河虾为最。若是哪一天我在爷爷奶奶家过夜,第二天大清早,奶奶就会拉着我去楼下的菜市场转悠。南京近郊的农户一大早就来了,面前摆着一个竹篮子,里面的河虾是凌晨打捞上来的,淋上一些清水,还活蹦乱跳。奶奶总会买上一两斤个儿大、味儿鲜的河虾,做一道我爱吃的金丝凤尾虾。

时光流逝,但记忆中奶奶在厨房里烹饪这道菜肴的一举一动鲜明如初。鲜活的河虾被奶奶掐头去壳,放入清水中洗净,去掉红筋。奶奶捞出洁白的虾肉,沥干水,将锅置于旺火之上,舀入几勺亮汪汪的熟鸭油,烧至五六成热。接着,放虾肉入锅,不断翻炒,虾肉逐渐成淡黄色,尾壳则是漂亮的鲜红色,煞是好看,这时舀入搅匀的鸡蛋清,再来两勺飘着浓香的鸡汤,佐以

细盐、料酒，以水淀粉勾芡，同时，奶奶用手勺灵活地搅动着。渐渐地，汤汁成为撩人食欲的乳白色，点缀上些许葱段，再撒上一些豌豆，颠几下锅，淋上一勺热鸭油，即可出锅盛盘。我在一旁眼巴巴地看了半天，菜一装盘，我马上眼明手快地抓起一只热腾腾、红润润的凤尾虾，送入口中。那香酥之中，还有鸡蛋的润滑、豌豆的清新，别提多美味了。

也许是从小吃惯了奶奶烹制的金丝凤尾虾，在我心中，最美味的凤尾虾也是最家常的味道。在东方珍珠饭店无意间尝到这道菜肴，那鲜香酥脆的滋味让我备感惊喜，思慕已久的味蕾也得到了慰藉。

东方珍珠饭店为这道菜肴取名为"泉水凤尾虾"，顾名思义，不仅这鲜活的虾来自清泉，就连烹制这道菜肴所用的水也是清甜的泉水。菜一端上来，我就被它的外观吸引住了。浅浅的碟子中，十余尾凤尾虾身段金黄灿烂，虾尾如凤尾般俏立着。盘中是金黄的豆子。凤尾虾上点缀着几片绿叶菜，翠绿娇嫩，很是新鲜。我夹起一只凤尾虾，咬了一口，饱满的虾肉外层鲜香爽口，里层细腻鲜嫩，层次尤其分明。

千百年来，金陵古城风起云涌，上演了数不尽、道不完的故事。然而，在烟雨朦胧的江南，一切故事都化作了云烟，只剩一幅缥缈的水墨画。在南京众多以口味清淡、清新雅致见长的菜肴之中，这道金丝凤尾虾就如同一朵俏然而立的奇葩，在迷蒙的烟雨中绽放出一抹艳色。

东园饭庄

地址　玄武区光华路 129 号
　　　南理工科技园 A 区

电话　025-86727599

炖生敲
艳绝金陵的醇厚味

"炖生敲"是一道让许许多多老南京人都念念不忘的金陵名肴。作为颇具南京传统风味的名肴，炖生敲的历史已逾300年。这道菜肴传统的烹饪方法是将鳝鱼活杀去骨，以木棒反复敲击鳝鱼肉，使其肉质软糯松散，故而得名"生敲"。然后，将鳝肉入油锅煎炸，再炖制。鳝肉块入油锅煎炸时，炸至表皮呈银灰色并起"芝麻花"，即可捞出。火工适度，不过不欠，口感最佳。炖鳝鱼块时，须先以肉清汤将其炖至软烂，再佐以调味料。故而，此菜肴得名"炖生敲"。

家乡美味香醇的炖生敲，始终裹挟着母亲的味道，伴随着我们慢慢长大。那时候，每逢端午节前后，南京菜市场里就会有许多卖黄鳝的小贩，他们所卖的黄鳝大部分是农户从田间抓回来的，又肥又大，分外肥美。中午时分，只要听到厨房里传来棒槌敲击的声响，我就知道有好吃的了。到了吃饭时分，不用父母呼喊，我只要闻到炖生敲那浓郁的味道就会直奔厨房。

炖生敲这道金陵名肴鲜嫩酥软，风味独特，一直是南北饕客的心头好。著名学者吴白陶教授尝过这道菜肴后也念念不忘，甚至即兴咏诗称赞道：

"若论香酥醇厚味,金陵独擅炖生敲。"历代文人骚客之中,擅美食者甚众,许多美食经文人题咏之后,身价倍增,流传甚广,炖生敲就是其中之一。母亲还跟我讲过炖生敲的来历。那年,正是端午节前夕,康熙帝来到今南京江宁一带察看水利事务,与几位大臣在水坝旁讨论开来。正值正午时分,缕缕炊烟伴随着棒槌清脆的敲击声从不远处的农家传来,一股淡淡的清香也随风而至,撩动了康熙帝的好奇心。康熙帝派人前去农家,询问做的是何种菜肴。农家妇人说,这是以田间抓来的新鲜黄鳝炖煮而成的菜肴。县老爷将农妇带到康熙帝面前,让她将这道菜肴的做法娓娓道来。康熙一听,这道菜要用棒槌将新鲜鳝鱼肉敲透,立即说,这道菜肴就叫"炖生敲"。久而久之,炖生敲就在南京城郊流传开来。

过去,炖生敲是一道时令菜,只有黄鳝最肥美的时候才吃得到。如今,许多农户都养殖了黄鳝,于是,人们在南京城里不少饭馆都能吃到这道历史悠久的名肴。但在我看来,要品出这道传统菜肴最地道的风味,还得应时应节地吃。早就听闻光华路东园饭庄的炖生敲味儿正,汤汁浓,鲜得不得了,端午节前,我专程领着父母去尝鲜。上楼坐定,堂倌立马迎上来,向我们娓娓道来饭馆的特色菜肴。我点了一盘桂花鸭、一碟西芹炒虾仁、一锅炖生敲。不一会儿,一盘冒着袅袅白烟的炖生敲就端到了我们面前,一股清爽又香浓的味儿扑面而来。我举起筷子,夹起一块长长的鳝鱼块,鳝鱼软绵绵地向下垂着,却丝毫不断。在嘴中细细品哑,酥烂入味,入口即化,异常鲜美,其味之醇厚,其汤之浓郁,比起儿时母亲亲手烹制的美味毫不逊色。别看只是小小一锅炖生敲,这软嫩可口的鳝鱼肉却是将"香、咸、嫩、鲜"四味全占了。

吃罢几块鳝段,再吃一块蒜瓣,浓郁的蒜香味裹挟着淡淡的辛香,将口腔中鳝段若有若无的腥味彻底消除。

每逢端午时节,对许多老南京人而言,最应时节的便是这道鲜香醇厚的炖生敲,它是家的味道,也是家乡的味道。

寻味南京

> **百味斋素菜馆**
> 地址　玄武区鸡鸣寺1号解放门旁
> 电话　025-57713690

南京素什锦
曾经的年夜饭"头牌"

快过年了,从年头忙碌到年尾的南京人也在不知不觉中放慢了脚步,筹备着一年一度的年夜饭。年夜饭是一年当中最重要的一顿饭,不只是用来吃,更是一种仪式化的念想。因为,年夜饭的一菜一饭中,都充盈着家的味道。

你还记得除夕夜里妈妈飞扬着的锅铲下那香喷喷的年味吗?还能想起来那满满一桌团圆饭中最重要的是哪一道吗?《岁华忆语》《南京民俗志》《金陵岁时记》等著作,对清末和民国年间南京人家一年一度的年夜饭都有着明确的记载。其中,素什锦是昔日南京人家年夜饭的餐桌上必不可少的一道菜肴。

在清朝年间的文献中,我们也能找到南京人年夜饭吃素什锦的相关记载。民国年间的著名学者潘宗鼎在《金陵岁时记》中写道:"除夕之夜,人家以胡萝卜、木耳、金针菜、酱瓜、白芹、冬笋、酱油干、面筋、百叶等,切成细丝,以热油炒之,谓之'十景'。"在南京,炒素什锦又被称为"十样菜""炒什锦菜""什景菜""元宝菜"等,是将十种冬日里的时蔬放在一起烹饪而成的一道小炒。在那些远逝的旧时岁月里,无论是达官显贵,还是寻常百姓，这道素什锦都是他们年夜饭里当之无愧的"头牌"。十种时蔬，每一种都有寓意，带着浓浓的祝福，如黄豆芽酷似如意，寓意着事事如意；金针菜寓意着前程似锦，花样年华；荠菜读音与"聚财"类似，寓意着招财进宝；芹菜在读音上与"勤快"相似，取的是"勤劳致富"之意；薄千张寓意着人丁兴旺，千秋百代；等等。

有的人说，素什锦不过是将十种蔬菜放在一起炒罢了。其实，这道菜看似简单，烹饪的过程却很复杂。十种食材，光是采购、择菜、洗净、切碎、翻炒、搅拌这几项工程就已相当浩大。小时候，每到除夕那日，父母总要早早挽起袖子，系上围裙，在厨房里忙碌大半天，只为烹制这道素什锦，为来年讨一个好彩头。

素什锦虽是一桌年夜饭的"头牌"，在食材的挑选方面却并无固定搭配，各家按照自家口味和食材的色泽来选择并搭配食材，别有一番风味。记忆中，父母烹饪的素什锦，最常选用的食材有芹菜、荠菜、菠菜、豌豆叶、金针菜、香菇、木耳、雪菜、莲藕、黄豆芽。一早起来，母亲就以温开水将香菇泡发开，切成丝备用。木耳洗净后，撕成小块。其余时蔬也小切一刀。放猪油入锅，烧至四五成热，每次只放入一种蔬菜，分开来炒。等各色时蔬都起锅凉透后，母亲再将它们盛入一个大瓷盆中，淋上些许麻油，撒上一些细盐和胡椒粉，搅拌均匀，一道黄黄绿绿、深深浅浅的素什锦就可以上桌了。在多数菜肴都是大鱼大肉的年夜饭中，这道素什锦就如同一道清流，生津开胃之余，还能化解掉多余的油腻之味。就着浓郁的麻油香味，不知不觉间我又多吃了一碗米饭。

时代在变迁，南京人餐桌上的年夜饭也在悄然发生着变

化。对于那些恪守传统的老南京人家庭，他们年夜饭的菜谱中仍然有炒素什锦这道菜肴。现在，素什锦不仅出现在普通人家中，在卤菜店或超市里随时能买到，在大小饭馆里也随时能吃到。

我曾在百味斋素菜馆吃过素什锦，所选食材也是平日里常见的时蔬，但味道鲜嫩爽口，让我久久难忘。百味斋素菜馆主打的是地道金陵菜，那日与三五好友在店中小聚，点了香椿炒饭、鸡鸣罗汉斋、素鹅面、素什锦等。几道菜肴中，素什锦最合我胃口。

素什锦盛在一只白色浅盘里，绿色的黄瓜丝、黄色的鸡蛋丝、红润润的辣椒丝……所选用的食材，每一种都色彩鲜明，搭配在一起很和谐。夹一筷子，送入口中，先是麻油浓郁的香味，咂舌之间，又有些许胡椒的辛香，待这些偏浓重的口感都退去之后，在唇齿间弥漫开来的是各色食材宜人的清香。令我惊喜的是，在各种食材切成的细丝中间，还夹杂着酱瓜切成的小丁，清脆爽口，咸中透着淡淡的甜味，让人食欲大振。

南京人自古以来以食"草"为乐，而这道素什锦可谓将南京人的素食文化发挥到了极致。年夜饭席上，一口肥美的大鱼大肉，一口清爽开胃的素什锦，这年味儿别提有多美了。

食朝汇小馆
地址　玄武区中山路18号德基广场1期6层
电话　4008854747

玄武区 心之向往的舌尖美味

雨花石汤圆　重得返自然

很多食客第一次来到南京，都会被街头一道有着波浪状花纹的甜点所吸引，那就是雨花石汤圆。雨花石汤圆是南京当地一道极富地方特色的小吃，上过中央电视台《综艺大观》。一颗颗大大的雨花石汤圆就如同被雨水淋过的雨花石，水润润的，身上还有着一道道波浪形的花纹，美得让人舍不得吃，只想放在眼前久久把玩。

天然雨花石的形成，需要的是大自然的鬼斧神工，而一颗颗大大的雨花石汤圆，则只需要花费一点儿巧心思。说起这雨花石汤圆的来历，也颇有一些童趣。1995年春节前夕，一户南京本地人在位于繁华地带的南京中心大酒店里为家中老爷子举办80岁大寿的宴席，觥筹交错，把酒言欢，大家吃得兴致盎然。但吃到中途，一个五六岁的孩童突然哭闹，怎么哄都止不住。酒店的点心师陈卫东听说后，灵机一动，临时往作为压轴甜点的汤圆中掺入些许可可粉，烹饪而成的汤圆表面浮动着丝丝缕缕的波纹，乍一看，正如波光粼粼之中的雨花石一般剔透。这碗趣味盎然的汤圆一端上桌，前一刻还哭闹不止的小孩立马被吸引住了,破涕而笑,吵闹着要尝一尝这好看的汤圆。站在桌旁的陈卫东被问及这碗汤圆的名字,临时起意,给它起名为"雨花石汤圆"。

犹记得,我儿时头一次吃到的雨花石汤圆,是母亲亲手做的。母亲心灵手巧,那阵子雨花石汤圆风靡南京城,她也跃跃欲试。赶上一个周末,母亲一大早就在厨房里忙活开了。取一些糯米粉,以清水将其和匀、揉透,搓揉成白色的糯米团子。再取少许糯米粉,掺入可可粉,以清水搓揉成咖啡色的糯米团子。然后将白色的糯米团子中间轻轻搓揉出一个凹陷处,包裹住咖啡色的糯米团子,轻轻搓揉,二者慢慢糅合在一起,就成了透着雨花石花纹的汤圆皮子。年幼的我尤其爱吃甜口,于是,母亲将做好的汤圆皮子里分别包上红豆沙、绿豆沙、香芋泥、冬瓜泥四种馅心,撒上些许炒熟的白芝麻,再舀一勺白砂糖。馅料不同的汤圆,母亲会做上不同的记号,有的略方,有的略圆,有的略尖,有的略扁。一大锅汤圆在清水中煮,母亲却能根据形状分辨出不同的馅心。将包好的雨花石汤圆一一放入铜锅的沸水之中,添入一大勺冰糖,等到汤圆逐一浮起,就可以起锅了。母亲拿一只小碗,碗中舀上四种不同馅心的汤圆各一枚,再舀一勺甜汤,递到我手里。在阳光下,糖水将汤圆表面的波纹折射出不同的形状和色彩,碗中仿佛一个微观的世界。长大后,少了几分孩童之心,也不会再缠着母亲花费一下午的时间为我烹制雨花石汤圆了。

一日,与好友约好小聚。我们来到了位于德基广场的食朝汇小馆。食朝汇小馆号称"经营最正宗的南京菜",在南京有多家分店,经营品种丰富。这里的上菜顺序很讲究,我们点的总统鱼、少帅红烧肉、美龄沙拉都一一上齐,主要菜品吃得差不多时,服务员才在一旁柔声细语地询问是否上饭后甜点。不一会儿,一个青瓷大碗就端上桌了,清澈的糖水里浮动着十个大大的雨花石汤圆,汤圆在灯光的照射下,经糖水一折射,幻化出各种梦幻而迷人的光泽。

我舀起两个大汤圆,再舀一大勺糖水,盛入碗中。轻轻咬一口,噢,是汤圆最传统的黑芝麻馅心。浓郁黏稠的黑芝麻缓缓淌出,流淌在瓷勺上,以舌尖轻轻舔一口,芝麻的香浓味道从舌尖传开,弥漫于整个口腔。再将一整个雨花石汤圆囫囵地送入口中,大口咀嚼。外层的糯米软糯中透着韧性,内里的白砂糖完全溶化在芝麻糊之中,既有芝麻糊的浓郁香味,又有白砂糖的清甜，甜而不腻，滋味绵长。所谓原汤化原食，吃罢两个大汤圆，我又舀了一勺糖水入口，淡淡的甜味很清新，将方才雨花石汤圆浓郁的甜味也冲散了些许，使回味更为绵长。

在"吃"这件事情上，我与许多老南京人一样，总有一份怀旧之心。一碗好看又好吃的雨花石汤圆就能让我的味蕾彻底沦陷，因为那波浪状的花纹、那甜蜜清新的滋味将我的记忆一瞬间拉回到了从前。

秦淮区
十里秦淮的活色生香 >>>>>

十里秦淮,纸醉金迷。正所谓"江南锦绣之邦,金陵风雅之薮",在江南的烟雨里,掬一捧馨香宜人的桂花瓣,低头轻嗅,鲜美肥嫩的桂花鸭、汤汁饱满的小笼包、清甜可口的蜜汁藕、清新淡雅的雨花茶……这里,有秦淮河畔最浓郁、最本真的味道。

永和园酒楼

地址　秦淮区夫子庙建康路68号

电话　025-86623863

盐水鸭
桂花香里说丰年

来到夫子庙，不可不吃盐水鸭。因南京的别称为"金陵"，盐水鸭又称为"金陵盐水鸭"。盐水鸭在南京美食圈里享有盛名，距今已有数百年历史。

中秋节前后正是桂花盛开的时节，旧时南京人会在这桂花弥漫的馥郁芳香中烹饪盐水鸭，此时做出来的鸭子皮白肉嫩，鲜香味美，可谓色味双佳，故而又得名"桂花鸭"。《白门食谱》中记载："金陵八月时节，盐水鸭最著名，人人以为肉内有桂花香也……鸭头无论是红烧还是酱泡，或是盐水，都是吊人口水的人间美味。"桂花鸭的烹饪技法返璞归真，滤除油腻，驱散腥臊之气，使鸭肉口感鲜美，肉质肥嫩，最能体现出鸭子本真的味道。

早在春秋战国时期，南京地区就开始"筑地养鸭"。《吴地记》中记载："吴王筑城，城以养鸭，周数百里。"南京也素来以喜食鸭肉而闻名于天下，与鸭有关的菜肴数不胜数，为中国之最，故而南京又有"金陵鸭肴甲天下"之美誉。听家中老人说，风靡南京的盐水鸭与乾隆皇帝还颇有渊源。当年，乾隆皇帝下江南，点名要吃金陵一家酒楼里的烤鸭。厨师一大早就去菜市场买回来数只肥美鲜嫩的鸭子，就等着乾隆皇帝大驾光临。怎料，下午大厨一打开笼子，却见上午还活蹦乱跳的鸭子全都死掉了。原来是养鸭人家的孩子调皮捣蛋，用盐巴来逗弄鸭子，最后将这些鸭子活活给咸死了。可是，眼见着乾隆皇帝就要来了，再去菜市场买活鸭显然已经来不及了。这些被咸死的鸭子所含的盐分太高，如果烧烤肯定会皮开肉绽。一想到做不成烤鸭可能会掉脑袋，大厨的心中就忐忑，只能硬着头皮将这几只鸭子用清水煮了。谁料这清水煮过的鸭子肉质鲜美，皮白肉嫩，乾隆皇帝连着吃了好几块，大呼过瘾。为了表示"深得朕意"，乾隆皇帝还专门给这鸭子赐名为"盐水鸭"。从此，这道"无心插柳柳成荫"的菜肴就在金陵城内流传开来，成为当地的一道名吃。

位于夫子庙的永和园酒楼始建于清朝光绪年间，是南京的百年"老字号"了。"永和"的意思是永远和气生财。这家酒楼外观上延续了明清年代古典而内敛的风格，内里陈设精美而典雅，低调之中透露着雍容，在六朝古都独领风骚。这里的秦淮小吃都很地道，我和朋友便是在这里吃到了盐水鸭。

盐水鸭的烹饪工序较复杂，而且因为腌制周期比较短，故而要保持其鲜嫩细腻的口感就必须现做现吃。永和园的盐水鸭讲究"熟盐搓、老卤复、吹得干、煮得足"。所谓"熟盐搓"，就是在腌制过程中还要经过炒盐这一道工序，从而使盐水鸭的风味更浓郁。所谓"老卤复"，就是将干腌与复卤结合在一起，为盐水鸭提味。所谓"吹得干"，指的是在烘干过程中，要将盐水鸭表面的水分彻底沥干。所谓"煮得足"，指的是要用浓汤将鸭子煮透，越入味越好。

左等右等，这道金陵名吃才被端上桌来。永和园的厨师很用心，在这道盐水鸭上席之前还对鸭块进行了精心的摆盘造型，美观大方，更加勾起我们的食欲。鸭皮油润，嫩肉微微泛红。我夹起一块，轻咬一口，鸭肉的香味在舌尖弥漫开来，鲜嫩爽口，肥美而不油腻，吃下一片，让人口舌生津。

这道盐水鸭起源于秦淮河畔，已历经数百年风雨。时至今日，它仍是南京老百姓家中的一道佐酒佳肴，更是节日里宴请宾客时的一道不可或缺的菜品。每年桂花飘香时节，来一盘应时应节的盐水鸭，轻啜一口小酒，这日子也是美极了。

义顺茶馆

地址　秦淮区夫子庙贡院街168号（西大门牌坊游船码头）

电话　025-85766666

南京小笼包
最浓郁的一口汤汁

　　作为南京、上海、苏州、杭州、无锡、常州、芜湖等地著名的汉族小吃，小笼包几乎是江南水乡里最温柔的一抹回忆。常州小笼包靠的是味鲜，南京小笼包靠的则是味甜。

　　小笼包最初的历史可以追溯到北宋时期，那时，河南王楼以"山洞梅花包子"闻名于天下。而这种梅花包子又是"靖康之变"后北宋皇室以"灌浆馒头"的名义引入江南后演变而来的。换言之，南方的小笼包与北方流行的灌汤包其实是一脉相承的。北宋时期的梅花包子进一步发展，就有了小笼包。

　　近代小笼包起源于上海南翔镇的小笼馒头。1871年，即清朝同治十年，上海南翔镇日华轩小吃店的店主黄明贤首创了南翔小笼馒头。最初，黄明贤称其为小笼大肉馒头或南翔大馒头。在黄明贤看来，将那些小巧玲珑的小笼包称为大馒头，能引起食客强烈的心理反差，从而妙趣横生，勾起人们的食欲。黄明贤还在制作工艺上另辟蹊径，用不发酵的精面粉做包子皮，并将猪腿精肉用手工剁成馅料，再将肉皮冻加入肉馅儿中，使肉馅儿更加爽口鲜美。小笼包一经面世就深得食客青睐，成为一款老少咸宜的名食。光绪二十六年，即1900年，黄明贤儿媳的表弟吴翔升在上海的城隍庙开了一家名为长兴楼的饭馆，出售小笼馒头，这就是南翔馒头店的前身。小笼馒头由此一炮走红，成了江南地区小吃文化中不可或缺的一道美食。同在江南地区的南京也具有悠久的小笼包烹饪历史，也不乏以小笼包作为招牌的百年老店。

在南京，小笼包自然是不应该错过的一道鲜嫩多汁的美食。南京出售小笼包的老字号比比皆是，秦淮河畔的夫子庙附近尤其多。夫子庙是南京真正的美食天堂，食客到了那里，会感到眼花缭乱，不知道哪一家才最正宗好吃。几经辗转，我和友人来到一家位于秦淮河游船码头旁边的店——义顺茶馆，打算吹着微凉的风，吃上一笼热气腾腾的小笼包。

这家店临河而建，红灯笼高高悬挂在木质结构的小楼上，在风里摇曳生姿。南京的小笼包以皮薄馅多、口味鲜美甘甜而享誉沪宁杭一带。义顺茶馆的小笼包选用上等面粉制作而成，选料精细而考究，用小笼蒸熟，保留了最纯正的细腻鲜甜的江南风味。这家主打的包子有两种馅儿，一种是鲜肉小笼包，另一种是蟹黄小笼包。鲜肉小笼包馅儿多、紧实，卤汁足，皮儿薄透，气味香浓而滋味鲜美。在鲜肉馅儿里加入熬熟的蟹粉和蟹黄油，就成了享誉江南的蟹黄小笼包。这种小笼包口感别具一格，鲜美中透着浓郁的甜香，百吃不厌，口齿留香，真真儿是应了那句"一吮满口卤，味鲜不油腻"。

一笼冒着白色热气的小笼包须臾间已被摆上了桌，友人咽了一下口水，拿起筷子就想吃，我赶紧将她拦了下来。南京小笼包的吃法格外讲究，我给她演示了一遍：先将小笼包小心地夹入小碟中，不能将皮儿夹破，然后在小笼包的侧面咬一小口，将里面的汤汁略微吹凉，再将整个小笼包送入口中。小笼包的精髓在于汤汁与皮儿、馅儿的完美结合，这种吃法才能在口中让汤汁完全包裹住小笼包，锁住美味。

我们在秦淮河畔吹着微风，细细品尝一笼南京小笼包，在肉的鲜美里回味着面的甘甜。正是这一点儿巧妙的味道，将人的思绪也拉得很远，仿佛又回到了儿时江南的梅雨时节。阴沉沉的天气里，只要一笼热气腾腾的小笼包，就可以让心头的阴霾一扫而光。

问柳菜馆

地址　秦淮区南京老门东箍桶巷121号（德云社斜对面）

电话　025-52685757

开洋干丝

干而不碎，嫩而不老

　　从前，上南京的茶馆吃小吃，上桌的头一道吃食总是干丝。清人在《望江南》一词中写道："扬州好，茶社客堪邀。加料干丝堆细缕。"由此可见，干丝闻名已久。

　　干丝起源于扬州。传说，当年乾隆皇帝下江南，曾途经扬州。当时，扬州的地方官员为了迎接圣驾，专程聘请了扬州各大酒楼的名厨为乾隆皇帝烹饪菜肴。其中有一道菜肴名为"九丝汤"，是将豆腐干切成细细的丝，再放入火腿丝，佐以鸡汤烩制而成。干丝经鸡汤烩煮之后，吸收了鸡汤中独有的鲜味，口感鲜美而别致。于是，扬州煮干丝扬名于江南，成为江南许多地方的一道特色小吃。

　　南京的干丝有着一套独特的烹饪方法。那些干丝干而不碎，嫩而不断，丝丝缕缕，都是老字号的豆腐店里特制而成的。起初，南京干丝中最传统的几种分别是素汤素煮和荤油肉丝等，民国以后，不断有新品种涌现。在南京街头的清真寺中，还出现了烧鸭干丝、开洋干丝等口味；在荤菜馆中，则出现了鸡肉干丝、蟹黄干丝等。秦淮河畔的夫子庙以小吃而闻名于天下，早年间，这里几乎每一家茶馆都会煮干丝来款待客人,其中以开洋干丝最为美味。夫子庙的开洋干丝以"烫"闻名,实际上采用的是烫、煮、泡结合的烹饪技法,其目的是将豆制品特有的黄浆味去掉,而保留豆子独有的清香。

去夫子庙吃开洋干丝,除了人人皆知的永和园,问柳菜馆也是一个好去处。这家饭馆坐落于夫子庙的一条古巷里。渐渐脱离攒动的人群,拐入这条青砖砌成的老巷子,仿若置身于另一片天地之间。

下午4点多,尚未到饭点,但桌前已坐着不少食客。这个时间来问柳菜馆的多数是南京当地人,只见多数饭桌上都摆着一大碗开洋干丝,配上一壶香茗,再无多余之物。香茗配开洋干丝,这对于来秦淮河畔小坐的食客而言,已经是最美好的一顿下午茶了,开洋干丝的魅力也可见一斑。

问柳菜馆的开洋干丝选用的干子是豆腐店里特制的大白干。而且为了保持干丝"干而不老"的口感,该店使用的是当日清晨现做的干子,因为只有这样的干子所含的水分才恰到好处。大白干两寸(1寸≈3.33厘米)半见方,厚则不足一寸。店中师傅先用刀将一片大白干切成36~42片,每一片都薄如纸片,几近透明,再切成细丝。据说,学习烹饪开洋干丝,第一课就是练习刀工,也就是练习劈干丝。即便经过训练,大部分学徒也只能劈到32~36片。可见,轻轻浮在汤水里的干丝看似毫不起眼,实则制作精细,选材要求极高。问柳菜馆的开洋干丝之所以吸引了许多爱吃干丝的食客慕名而来,原因之一就是这里的干丝经老师傅之手,根根细如发丝,鲜美的汤汁完全渗入干丝之中,能给味蕾最完美的享受。

不一会儿,我们点的开洋干丝和雨前龙井便上桌了,冒着袅袅的热气,在深秋的下午别有一番韵味。开洋干丝软软地浮在淡黄色的汤汁里。我拿起勺子,舀了一勺汤送入口中,原汁原味的鸡汤醇厚爽口,其中漂浮着几粒煮透的开洋,也就是湖米,软糯甘甜。干丝上还撒着细如发丝的鹅黄色生姜丝,淋了些许现磨的麻油,还未入口,袭人的香气便扑鼻而来。我夹起一筷子干丝,送入口中,豆腐干的清香伴着浓郁的姜丝味,提神醒脑,让人胃口大开。

来到秦淮河畔,思绪越飘越远,千百年前纸醉金迷的金陵仿佛在眼前重现。而一口开洋干丝,一口悠悠香茗,也让那颗在尘世间飘摇的心慢慢沉静下来。如此,甚好!

小郑酥烧饼

地址　秦淮区夫子庙建康路170号
电话　18305175709

鸭油酥烧饼
香酥浓郁余味久

也许有人会好奇，一块平淡无奇的烧饼，为何会引起那么多饕客的追捧呢？看似普通的鸭油酥烧饼对老南京人而言，意义非同小可。常人将烧饼视为大路货，但在老南京人眼中，鸭油酥烧饼足以唤醒沉睡了一整夜的味蕾。许许多多老南京人的一天都是这样开始的：早晨出门，睡眼惺忪，第一件事就是买上一个鸭油酥烧饼，一边吃，一边踏上上班的路途。

鸭油酥烧饼，顾名思义，就是将从鸭油中提炼而出的凝脂与面一同烙出来的烧饼。旧时，鸭油一般不会被食用，因为这种油有一股浓郁的鸭腥味，一般作为他用或者干脆遗弃。后来，鸭油被很好地运用到了酥烧饼上面，鸭油酥烧饼也由此成了素有"鸭都"之称的南京城一道不可或缺的名吃。

鸭油酥烧饼分为凉吃和热吃两种吃法。对南京人而言，凉着吃风味更佳，因为热着吃，鸭油与面可能会糊在一起，口感的层次也没有那么鲜明。而凉着吃，舌尖丰富的味蕾能更敏感地感受到鸭油酥烧饼酥脆的口感。

最初，鸭油酥烧饼起源于古都南京鼎鼎有名的清真茶社——奇芳阁，是夫子庙的一道传统名点。这种添入了鸭油烹饪而成的酥烧饼，选料、烹饪、火候都考究至极，烧饼做成以后层次分明，入口香、酥、脆，余味无穷。由于诸多原因，曾经风靡一时的奇芳阁如今早已风光不再。但在南京，好吃的鸭油酥烧饼店仍有不少，位于建康路的小郑酥烧饼就是其中的一家。

提到小郑酥烧饼，就不能不说说它背后的故事。在夫子庙农贸市场的入口处，有两家小郑酥烧饼，名号一模一样，中间仅仅隔着一家门店。位于右边的那家小郑酥烧饼是老店，每天早晨，店门口都会排起一条长龙。而位于左边的那家则是开张不久的新店，排队的人要少一些。起初，我只当这两家店是同一位老板，只是为了扩张门面而为之。后来，来小郑酥烧饼吃的次数多了，我才了解到并不是那么一回事。原来，右边这家老店的老板姓朱，是小郑的学徒开的；左边这家新店的老板才是真正的小郑师傅，他中途因为家事回老家一段时间，回来后才开了这家新店铺。当然，以上种种，不过是食客们在品尝这美味小吃之余的谈资罢了，真真假假并没有那么重要，毕竟，对于热爱美食的老南京人而言，美味才是重中之重。

这两家店的酥烧饼我都尝过，味道都很不错。来小郑这儿的食客，买得最多的就是南京街头最常见也最普通的咸烧饼和甜烧饼。甜烧饼是圆乎乎的正圆形，而咸烧饼则呈椭圆形，这似乎早已成为南京烧饼界约定俗成的一种做法。两家的烧饼论起个头儿来都差不多，都色泽金黄，泛着诱人的油光，散发着淡淡的焦香味，表面上滚满了密密麻麻的白芝麻，即使隔着袋子，也能闻到酥烧饼中的鸭油所散发出来的浓郁的香味。

小郑酥烧饼和面的功力很到位，烘烤的火候也恰到好处，一口咬下去，外酥里嫩，层次丰富而鲜明，还扑棱棱地直往下掉渣。甜烧饼里面是满满当当的芝麻糖，而咸烧饼里面则是星星点点的葱花，无论是甜口，还是咸口，都很美味。

若非要将这两家小郑酥烧饼放在一处比较，那么，右边那家的酥烧饼总体而言口味比较浓郁，鸭油味儿也更重一些；左边那家则口味比较清淡，香酥爽口，清淡宜人。两家店各有千秋，也让慕名而来的食客有了更多的选择。

难得的闲暇时光里，我最爱在古都南京的大街小巷里寻觅正宗的鸭油酥烧饼。于我而言，鸭油酥烧饼仿佛是老南京的一抹剪影。对很多老南京人而言，鸭油酥烧饼那外脆里酥、吃过之后唇齿留香的味道则是旧时岁月里最温柔的一抹回忆。

> **南京第一冰糖蜜汁藕**
>
> 地址　秦淮区瑞金路6号（近解放路）
>
> 电话　13951850567

桂花蜜汁藕

扑鼻而来的香甜味儿

桂花蜜汁藕，又被称为"桂花糯米藕"，是一道清香袭人的江南小点。软软糯糯的糯米被灌入莲藕之中，佐以桂花糖浆、大红枣，精心烹饪，成品口感软脆而香甜，伴随着浓郁的桂花清香。穿梭于古城南京，不尝上一小碟桂花蜜汁藕，实在是可惜。

正如央视播出的《舌尖上的中国》所说，在中国琳琅满目的食材中，清甜诱人的蜂蜜最能在一瞬间打开人的味蕾，这也就无怪乎以清甜的蜂蜜、软糯的糯米和脆嫩的莲藕为原料，再佐以有着浓郁花香的桂花糖浆的桂花蜜汁藕深受南来北往的饕客青睐。其实，南京大大小小的街巷之中都能闻到桂花蜜汁藕的缕缕芳香，在夫子庙、宁海路、华侨路、户部街等老字号饭馆能寻觅到它的芳踪，在山西路、网巾市等地也有它的摊位。而若要问起爱吃、会吃的老南京人，十之八九会告诉你，最好吃的桂花蜜汁藕在瑞金路。

瑞金路是一条繁华的街道，小吃铺子一家挨着一家，人头攒动，很是热闹。传说中金陵最美味的"南京第一冰糖蜜汁藕"就位于瑞金路菜市场的入口处。这家小铺子以前还有一个名字，叫"杨氏蜜汁藕"。据说，30多年前,提起杨老头,夫子庙那一片的大人小孩都知道他是专门做蜜汁藕营生的。杨老头就是现在这家铺子的老板——杨师傅的父亲。当年,杨老头推着一辆小小的三轮车,上面架着一口火炉,炉上摆着一口锅,锅里面正是芳香诱人、热气腾腾的桂花蜜汁藕。杨老头在古城南京走街串巷,主要活动范围是秦淮电影院、大光明剧院一带。老南京人在逛夫子庙或是看电影时,嘴里也不愿意闲着,最乐意买上几片桂花蜜汁藕,插在竹签上,咬上一口。蜜汁藕软脆酥香,软糯甘甜,食后唇齿留香。

杨师傅说,曾经听父亲说起,杨氏祖辈曾去苏南一带学艺,精心研制出一套制作桂花蜜汁藕的秘方。杨氏做蜜汁藕,对选材尤其讲究,只选用一大截莲藕的中间两段,先将莲藕清洗、去皮儿,灌入糯米,依次用急火、中火、文火煮上1个多小时,再往莲藕里灌入掺了桂花糖浆和冰糖的蜜汁卤,接着用文火熬煮2个多小时。可见,这老南京人情有独钟的桂花蜜汁藕是典型的"慢工出细活"。没有5个小时的火候,根本就不可能吃到这甜而不腻的独特风味。1995年,杨师傅从父亲那里继承了这套不外传的秘方,在瑞金路上租下了一间十来平方米的小店面,从祖上传统的"行商"改为"坐商"。

我从小爱吃甜食,这杨家的蜜汁藕也是我从小吃到大却百食不厌的一道美味。来到他家店门口,正是周六的中午,来买蜜汁藕的顾客在店铺门口排起了长龙。年轻的伙计动作利索,拿起一截藕,切成片,插上几根竹签,还附送一小袋蜜汁作为浇头。我一边排队,一边与几位上了年纪的顾客攀谈起来。他们吃杨家的蜜汁藕已经几十年了。最美味的蜜汁藕口感软而不烂,甜而不腻,莲藕里的糯米要塞得结结实实的,吃起来又香甜又软糯。附赠的那一小袋蜜汁更是浓而不腻,但如果不喜欢太甜,那吃原味的蜜汁藕就可以了,不用再浇上蜜汁。

轮到我时,我忍不住透过玻璃橱窗,细细打量起店里码得整整齐齐的蜜汁藕。只见那莲藕很新鲜,粗壮而浑圆,红润而富有光泽,洞眼里的糯米塞得满满当当的,香甜的味儿直往人鼻子里钻。我连忙点了一份，现吃起来。莲藕香甜软糯中带着一丝脆韧，清爽宜人，甜而不腻，还伴随着丝丝缕缕的桂花香，沁人心脾。杨家蜜汁藕无论是口感、味道，还是卖相，都是桂花蜜汁藕中的上品。当然，对于我这种嗜甜的人来说，一定要将那一小袋蜜汁浇上才够味儿。那种甜度恰到好处，饱和、清爽之中又略带黏稠，妙不可言！

说起来，我家附近的一位80多岁的老太太每周都会去杨氏蜜汁藕买上一份桂花蜜汁藕，回家后往冰箱里一放，每天拿出几片来，隔水一蒸，趁热当零嘴吃。十几年了，这位老人家几乎每星期都去买，就好像是去赴与桂花蜜汁藕的一场甜蜜约会一般。对于许多老南京来说，那个在历史风云中飘摇的古都早已远去，唯有这甘甜清爽的蜜汁藕成为时光流逝的凭证。

三味茶庄

地址　秦淮区淮海路116-3号
电话　025-84502454

雨花茶
茶香悠悠沁人心脾

金陵也罢，建康也罢，南京也罢，也许是千百年来这座古城经历了太多风起云涌，如今，比起高楼鳞次栉比的大都市，这座古城反而少了许多浮躁，多了许多气定神闲。生活在这里的南京人，也更喜欢慢悠悠的生活。结束了一天忙碌的生活，南京人更喜欢步入茶楼的清静之地，静幽幽地喝上一杯香茗，在袅袅的茶香中拂去满眼满心的疲惫——无怪乎南京沿街有那么多茶楼。

说起南京的特产，不得不提雨花茶。雨花茶因产于南京中华门外的雨花台而得名，是炒青绿茶之中的珍品，也是中国"三针"之一（另外两种针形茶为恩施玉露和安化松针）。这款茶是地道的春茶，呈细嫩的针状，当茶的嫩芽萌生至一株芽有三瓣叶儿时采摘（一般从清明节前十天开始，持续到清明当天）。

雨花茶的生产历史很悠久，早在唐朝南京就已种植茶叶，不仅在陆羽的《茶经》中有相关记载，陆羽在南京栖霞寺采茶的传说也可作为佐证（直到现在，栖霞寺后山仍存留着试茶亭的旧迹）。《茶经》中记载了一则名为《广陵耆老传》的故事，讲的是晋元帝年间，有一位老妇人，每日清晨都会提着一壶热茶沿着街道叫卖,这壶名为"雨花"的茶汤清新爽口,茶香四溢,而且价格低廉公道,百姓都争先恐后地买来喝。令人奇怪的是,虽然这老妇人从清早一直叫卖到傍晚,但壶中茶汤的香味一点儿也不减。老妇人将卖茶汤所得的钱财全部分给穷苦人家,那些人都很感激她。这个消息不胫而走,传入当地官吏的耳中,官吏派人将老妇人抓了起来,关入牢中。翌日清晨,老妇人却不见了踪迹。后来,雨花台一带,碧绿青葱的茶园开始遍布,方圆十里之内茶香浓郁。到了清朝初年,雨花茶的种植范围已扩展到长江南北,并成为每年进贡朝廷的贡品。

雨花茶色、香、味、形俱佳,经滚水泡过,茶香高雅而浓郁,滋味鲜香而醇美,茶汤碧绿而清澈,嫩叶明亮而舒展。

初到三味茶庄,桌前三三两两坐着客人,低声细语,轻抿香茗,店铺之内飘荡着柔和婉转的古乐。与老板闲聊,方得知茶庄老板是地地道道的茶农出身,从种植茶叶、田间管理、采摘,一直到炒制,他都堪称中国绿茶的专家。留着白须的老板很有些仙风道骨,人也风趣,经营理念更是有些"任性"。在他看来,做茶叶生意不仅为了赚钱,更是要将茶叶带到那些懂它的人身边,让那些爱茶、懂茶的人能每天都喝上一壶好茶。我想,这也是为何三味茶庄的雨花茶一直深受南京大批文艺人士追捧的原因之一吧。

我与友人凭窗而坐,窗外是南京繁华的市井,窗内袅袅茶香将人带入另一个旷达清幽的空间。一壶刚沏好的雨花茶摆在案头,倒入白瓷茶杯中,洁净的白、清幽的绿相互映衬,清新的茶香沁人心脾,杯底几片碧绿的茶叶悠然舒展。抿一口,滋味醇厚,回味中有淡淡的甘甜,唇齿留香。上好的雨花茶配上店中特供的糕团小点,一口热茶,一口软糯香酥的糕点,两种香甜在舌尖汇于一处。

来到南京,入夜时分,若想避开汹涌喧嚣的人群,茶庄永远是最好的去处。在秦淮河畔寻一处茶庄,闹中取静,于幽静之处慢慢饮下一杯茶,那颗喧嚣而疲惫的尘世之心也如同那杯中的茶叶,舒展开来。

状元豆

地址	秦淮区贡院街131-1号奇芳阁门店
电话	无

状元豆 — 香气浓郁的好彩头

作为一名食客,南京夫子庙这个寻觅美食的好去处自然是不能错过的。漫步在夫子庙,被诸多地道的金陵美食所环绕,这时,一定要放慢脚步,寻觅一下打着"状元豆"名号的小铺子——状元豆可是南京夫子庙最有特色的小吃食。

其实,状元豆就是五香豆,入口喷香,软嫩咸甜,一般呈淡淡的紫檀色,富有弹性。一边漫步在秦淮河畔,一边细细品尝小小的状元豆,自有一番趣味。

状元豆虽小,却大有来头。据说,清朝乾隆年间,一位名叫秦大士的读书人居住在金陵古城南金沙井附近一条偏僻的小巷子里。秦大士自幼酷爱读书,日日与书为伴,浑然忘我,经常读书到夜深人静之时。因为秦大士家境贫寒,所以每当他深夜苦读之时,他的母亲就用黄豆佐以红枣、笋丁、红曲米,以文火慢慢煨煮入味,再用小碗将黄豆盛好,上面添一颗香甜可口的红枣作为点缀,端到他面前,勉励他努力求学,有朝一日能高中状元。后来,秦大士果然没有辜负母亲的一番苦心,中了状元。秦大士爱在夜里吃母亲亲手烹制的五香豆的事儿也一传十，十传百，在金陵城里传开了。由此，五香豆成了金陵城里那些埋头苦读的年轻人夜间最喜爱的一道小零食，并由此得名"状元豆"。

一些小贩抓住这些学子渴望功名的心理，在夫子庙贡院附近摆摊设铺，卖起了状元豆，并宣传"吃了状元豆，好中状元郎"。很多人想讨个好彩头，纷纷买来吃。久而久之，状元豆就成了南京夫子庙附近一种常见的小吃。

我的奶奶是最地道的南京女人，蕙质兰心，心灵手巧，记忆中第一次吃的状元豆不是在夫子庙那儿买来的，而是奶奶亲手烹制的。说起来，状元豆的烹制很简单，总结起来就是"一泡，二煮，三收汁"。其原料也很简单，就是最常见的黄豆、红枣、笋丁、红曲米。奶奶在楼下菜市场买上一小袋黄豆，先用清水将黄豆悉数泡开，然后盛一大锅清水，放入黄豆，佐以八角，以大火煮开，再以小火慢慢煨煮一个多小时。长大后，我一时兴起，也动手烹制过一次状元豆，不料黄豆下锅煮过之后都烂了。后来向奶奶请教，我才知道，"煮"的这个步骤是不放盐的，这样一来，黄豆才能久煮而不烂，保持其富有弹性的口感。当黄豆煮到软而不烂之时，将一早备好的笋丁、洗净的红枣放入锅中，撒上一些红曲米，再浇上一些酱油，盖上锅盖，以文火慢慢熬煮收汁。在奶奶的巧手之下，不过一个多小时，一锅软而不烂又带着些许弹性的状元豆就出锅了。舀一小碗，用小勺慢慢送入口中，咸咸的、甜甜的，又软又嫩，一粒粒豆子在舌尖滚动，带给味蕾最美的享受。

长大后，每次经过夫子庙贡院附近，我仍忍不住驻足，在当街的这家小铺子里买上一份状元豆。小小的门面不过几平方米，门头高悬着一块黑色的匾额，上面烫着金色的"状元豆"几个字。门面虽小，却很起眼，几乎每次来，门口都有不少客人在排队等候。记忆中，这家小店已在这里开了十几年，生意一直很好。除了招牌的状元豆，他家的茴香豆、腊八豆、青豆也都很好吃，值得一尝。

小小一袋状元豆盛在牛皮纸袋中，捧在手里，甜中透着咸，咸中又带着甜，五香的味道完全渗入黄豆之中，让我恍惚之间又回到了儿时那个飘逸着状元豆香味儿的午后。

秦淮小吃城

地址 秦淮区夫子庙西牌坊瞻园路转盘南侧临河（近苏果瞻园路店）

电话 025-52336778

什锦豆腐涝
喝出似锦前程

  提起什锦豆腐涝，老南京人没有不知道的，这是南京当地的一道风味小吃。豆腐涝在南京又被称为"都不老"，其实就是南京话里的"豆腐脑""豆腐花"的意思。对南京饮食文化有所了解的饕客都知道，南京人吃小吃喜欢讲究个"说法"，这一点在豆腐涝这道朴实的街头小吃上再次得以佐证。据说，豆腐涝这道小吃，年轻人吃了补脑，老年人吃了延年益寿。为了讨个好彩头，街头小铺子的店主还在其中加入什锦菜，寓意着"前程似锦"。

  南京的什锦豆腐涝温润如玉，清新爽口。除此之外，它的作料也很考究，有榨菜、虾米、木耳、葱花、辣椒油、香油等十几种。小小一碗什锦豆腐涝，一眼望过去，色彩斑斓。舀一勺入口，更是鲜香醇厚，咸甜适宜，辛辣有度。慢慢喝下一碗，通体舒畅。

  街头的什锦豆腐涝是一道最接地气的平民小吃。它甜润之中带着淡淡的辛辣，曾填满了我整个童年的时光。犹记得，每当盛夏午后，烈日高悬于空，楼下的街巷里静悄悄的，只有树上知了的鸣唱声。炎热的天气让我整个人都懒洋洋的，每当我昏昏欲睡之际，一个熟悉的声音就会从楼下小巷子里传来："什锦豆腐涝啰，什锦豆腐涝啰……"不一会儿，许多孩子就手捧着一个大瓷碗从各个角落里钻了出来。小贩手脚利落，舀一大勺鲜嫩润滑的豆腐涝，浇上早已备好的什锦菜，淋上一勺辣油，撒上一把葱花，一大碗什锦豆腐涝就做好了。端回家中，什锦豆腐涝还带着余热。我嫌不过瘾，总是将它放入冰箱中，冰镇上半个小时再拿出来吃。至今我仍清晰地记得流连于舌尖的嫩滑的味道。

长大后，儿时记忆中那种走街串巷售卖什锦豆腐涝的小贩越来越少，但大大小小的饭馆里仍少不了这道老南京人记忆里根深蒂固的风味小吃。今年夏天，一位友人来南京游玩，点名要吃秦淮河畔的什锦豆腐涝。于是，我特意带着他去秦淮小吃城里吃这道美味。

一小碗什锦豆腐涝盛在瓷碗里，捧在手中，豆腐脑的余热透过瓷碗传递到手上来。我将小碗凑到唇边，深深啜一口清新中带着微甜的豆花汤，然后用小瓷勺将豆腐涝与上面的菜拌匀。舀起一勺，慢慢送入嘴里。乳白色的豆腐涝甜润适口，舌尖轻触，鲜嫩极了，轻轻一滑就进了喉咙。脆生生的笋丁和榨菜丁时不时从豆腐涝中冒出来，给味蕾一个小小的惊喜。我兴致盎然，如同一个小孩子，在鲜嫩多汁的豆腐涝里发掘让味蕾沉醉的"宝藏"。如果喜欢辣味儿，还可以将摆在木桌角落上的辣油淋上几滴，既开胃，又让这道什锦豆腐涝多了些许风情。

穿梭于金陵城内各大老字号饭馆，请不要急着离开。秦淮河畔，那一家挨着一家的豆腐涝店里悠悠散发着清新的香味。各家口味略有不同，却都有着自家的妙处，惹人垂涎。来上一碗清新宜人的什锦豆腐涝，友人说他的这一趟南京之旅也算圆满了。

> **罗家桂花汤圆**
>
> 地址　秦淮区曹都巷18号
> 　　　（近丰富路）
> 电话　13951680113

桂花汤圆
悠悠桂花香

在"吃"这件事情上，南京人个个都是诗人，不仅要色、香、味俱全，还总喜欢让小小的吃食沾染上些许诗情画意。入秋后，南京大街小巷飘散着桂花的阵阵幽香。桂花鸭、桂花汤圆、桂花蜜汁藕、桂花酒酿……这一道道南京的传统小吃都与桂花颇有渊源，这些再寻常不过的食材，一旦沾染上些许桂花的清香与浪漫，滋味里便多了许多变化。

一阵秋雨，金黄柔弱的桂花瓣儿落了一地。每当这时，爱吃甜食的南京姑娘总爱撑一把雨伞，去街头巷尾寻一家糖水铺子，慢慢品着一碗弥漫着桂花香味的汤圆。一年的心愿，也因此而得到实现。

自古以来，南京就是人杰地灵之地，这里人才辈出，有帝王将相，也有文人墨客，而这些风流人物也为南京的饮食文化添上了许多色彩。相传，宋朝初年的"画家巨匠"巨然与他的夫人都是南京江宁人。为了仕途，人至中年的巨然只能携一家老小去闽南之地担任县令，客居异乡数载。一年中秋时节，夫人凭窗而立，望着院中那株花儿开得正盛的桂花树，一股思乡之愁涌上心头，只能暗自垂泪。巨然心中有愧，为了缓解妻子的思乡之愁，令家仆将院中飘零的桂花收集起来，洗净晾干。入夜时分，巨然亲自下厨，以桂花、冰糖熬煮成糖水，将一个个浑圆的大汤圆依次下入锅中。不一会儿，一碗弥漫着浓郁桂花香味的汤圆就出锅了。端至夫人面前，夫人嗅着熟悉的桂花香，咬一口甜津津的汤圆，她的愁眉也舒展了许多。

南京街头卖桂花汤圆的小店面遍地都是，但我最钟情的还是一家隐匿于曹都巷的传统小吃店——"罗家桂花汤圆"。在邂逅这家店里美味的桂花汤圆之前，我从未想过，并不合自己口味的大汤圆与桂花能碰撞出如此浓烈而奇妙的味觉火花。时至今日，每到桂花飘落的时节，我的味蕾就会提醒我，该去这家隐匿于闹市之中的小铺子解解馋了。

第一次寻到这家店时，并非秋天，而是好几年前的一个元宵节。当时我与母亲在闹市里闲逛，想着吃点什么应应景，衬托一下节日里的气氛。罗家桂花汤圆是一个家庭作坊式的小铺子，由一家人经营。罗老板是个四十来岁的中年男子，话不多，显得有些木讷。踏入店铺，他正低着头，一颗一颗地搓揉汤圆，动作很娴熟，手脚也很麻利。老板娘是个热心肠的大嗓门，边忙着调配汤圆的馅心，边与店里的熟客闲聊着，小小的店面里回荡着她爽朗的声音。罗家的桂花汤圆很实惠，糖水甜润可口，汤圆个儿大、馅心足，平日里四元钱一大碗，里面有六个大汤圆。但那日正值元宵节，于是涨了一元钱，不过仍很实在，不到一元钱一个。街坊四邻也时常来罗家买一些生汤圆，带回家以清水煮熟，再浇上罗家秘制的桂花冰糖水，阖家团圆之时，也能尝到这浮动着缕缕桂花香的美味。

这儿的汤圆有三种馅心，分别是肉馅儿、豆沙馅儿和芝麻馅儿，我尤其偏好芝麻馅儿，这种馅儿的汤圆入口绵软，甜而不腻，回味无穷。我与母亲各点了一碗芝麻馅儿的桂花汤圆，端上来的汤圆热腾腾的，个儿大，一个个圆乎乎的。用勺舀起一枚汤圆，汤圆裹着厚厚一层汁水，黏黏糯糯地趴在勺子里，但韧性十足，一点儿也没散掉。我凑上前去，轻轻咬

一口，香气浓郁的芝麻馅儿一下子溢了出来，流得整个勺子都是。尝一口，外层的汤圆皮软软糯糯，味道清淡，带着淡淡的甜味，内里的芝麻馅儿细腻而香甜，一股暖意从舌尖流向身体深处，在寒冬里暖胃又暖心。

其实，这一碗桂花汤圆里最让我魂牵梦萦的，还是这黏稠而甜蜜的糖水。平时在别家店中，面条汤、饺子汤、馄饨汤，我都很少喝，总觉得那些汤汤水水固然清淡，但总少了些滋味，顶多是轻抿几口，尝尝味儿罢了。可这里的糖水却大不一样，它不再是衬托碗中汤圆的"绿叶"，反而成了滋味绵长的主旋律。这糖水里面有许多淡黄色的桂花，经老火慢炖，几经加热沸腾后，甜度达到了最让人心醉神怡的饱和点。或许，将这糖水称为"甜羹"更为恰当，因为它的香味清新而浓烈，入口柔爽顺滑，回口之时伴有淡淡的甘香。那丝丝缕缕的暖香，让人念念不忘，回味无穷。

就是这样一家隐匿于市井之中的小门店，看似毫不起眼，甚至让人觉得有些促狭，却有着如此朴素又美味的汤圆。忙碌的生活也许让人错过了许多美好，但味蕾不会忘记它们，每年第一缕桂花香传入鼻中时，它就会提醒我，嘿，该去和美食来一场约会了。

永和园酒楼

地址　秦淮区夫子庙建康路68号
电话　025-8662863

黄桥烧饼
几经风霜的老味道

　　黄桥烧饼是一道传统特色小吃,属于江苏菜系,广泛流传于江淮一带。它以面粉、猪油、芝麻、花生油等为原料,分为甜、咸两种口味,考究一点儿的还会以上等肉松作为馅心。黄桥烧饼出炉后色泽金黄,圆润精致,香酥可口,不油不腻,兼顾南北风味,2003年还曾荣获"中华民族小吃"的美称。

　　作为中国民间的风味小吃,烧饼由来已久。北魏年间,贾思勰所著的《齐民要术》中就有"饼法"一章,清代刘鹗所著的《老残游记》中还有关于烧饼的生动描写。虽然黄桥烧饼究竟源于何时并无确切的文字记载,但民间流传的一则小故事或多或少有一些参考价值。相传,清朝道光年间,一位县令外出办事,途经黄桥时买了沿途一家小店铺的烧饼吃。烧饼食后齿颊留香,令人难以忘怀。回家后,这位县令还时常想起这道美味,于是隔三岔五派人快马加鞭,去黄桥买烧饼,以大快朵颐。这个故事让我不由自主地联想到了唐代诗人杜牧的名句"一骑红尘妃子笑,无人知是荔枝来",由此可见,早在几百年前,黄桥烧饼就已小有名气了。

古代烧饼以做工精细而闻名。袁枚所著的《随园食单》中记载，烹饪烧饼时，"用松子仁、胡桃仁敲碎，加糖屑、油脂，和面炙之……"就烹饪技法而言，黄桥烧饼充分吸收了古代烹制烧饼的方法，保持了"外撒芝麻内擦酥，香酥甜润两面黄"的传统特点。黄桥烧饼最初的产地位于江苏泰兴黄桥镇，它之所以闻名于江南一带，与1940年10月那场"黄桥决战"息息相关。1940年，黄桥战役在陈毅、粟裕的指挥下打响，当时黄桥镇上12家家庭作坊的60只烧饼炉子同时开工，日夜赶工烹制烧饼。镇外是纷飞的战火，镇内是通红的炉火，当地群众冒着敌人猛烈的炮火将烧饼送到前线阵地上，谱写了一曲让人动容的瑰丽凯歌。1975年5月，时隔30年后，粟裕将军重返黄桥，当地百姓仍用当年的黄桥烧饼来招待他。

如今，江淮一带，上至高档酒店，下至街头小铺，都有黄桥烧饼的身影。虽然黄桥烧饼得名于半个多世纪前的那场战役，但如今却大不相同了。战火纷飞年代的黄桥烧饼远不如时下的黄桥烧饼这般讲究。那时，黄桥烧饼就是最简单的一种酒酵面饼，以酒酵将面粉发酵，在草炉子上以文火慢慢烘烤至两面焦黄。那时的黄桥烧饼作为军粮个儿大、分量足，就像倒扣着的大碗。如今，南京街头的黄桥烧饼只有巴掌那么大，约半寸厚，最外面是一层香酥可口的白芝麻，金灿灿的，圆润可爱，看上去宛如一个手工艺品。里面的内容更是大相径庭。从前的黄桥烧饼里面几乎没有馅儿，和面的时候添一些白砂糖就算是烧饼里的极品美味了。如今，经过精心烹制的黄桥烧饼，馅心以虾米、肉松、火腿、鸡丁、葱油、香肠等为主，在锅中涂上厚厚一层荤香十足的猪油，以文火慢煎。烹制出来的

黄桥烧饼外层金黄焦酥,里层绵软,不油不腻,焦而不煳,咬上一口,浓浓的香气在嘴里弥漫,浓郁的葱油溢满嘴角。

夫子庙永和园的黄桥烧饼香酥润口,为"秦淮八绝"之一。永和园的黄桥烧饼更多地延续了南京人口味清淡、嗜好甜食的特色,分为葱油和糖油两种馅心。和面、加酥、包馅儿、掺油、配葱、上糖稀、粘芝麻等工序都是永和园的师傅纯手工完成。制作时,先以适量的清水将精白面粉糅合,揉面时,力道要准,还要细致。发酵时撒入些许碱,以酥油入面。做馅心时,猪油必须是板油,葱花则要选取大葱。制好烧饼坯子后,均匀地撒上一层炒好的白芝麻。

我等了半天,一大盘香酥可口的黄桥烧饼才终于端上桌来。一个个烧饼色泽如同煮熟后的蟹壳一般。夹起一个,是葱花猪油夹心的,咬一口,酥酥的,香香的,里面油润香甜的馅心流入口中,回味绵长。

时光在流逝,那些传统的老味道也在时光的更迭中悄悄地改变。就像这黄桥烧饼,它既保留了过去的香酥润口,又增添了许多口感。酒足饭饱之余,让人们也多了许多回味与念想。

奇芳阁

地址　秦淮区贡院西街12号（近夫子庙）

电话　025-86623159

麻油素干丝
咸中透甜，甜中透鲜

　　干丝与烧饼是老南京人最喜欢的两种传统本土吃食，市井百姓的寻常日子少不了它们，达官显贵也常用它们来调剂口味。因此，旧时南京街头巷尾大大小小的馆子里，几乎都少不了干丝与烧饼这两样吃食。南京人爱喝茶，听着小曲，品着香茗，日子悠悠哉哉如神仙一般。而在茶馆里，人们都会先点上一盘干丝，再点一些别的小吃食，用来配茶。南京几乎没有专营清茶的茶馆。

　　奇芳阁几乎汇集了南京本地的各色小吃，其中以麻油素干丝、素什锦菜包、鸭油酥烧饼最为叫绝。每逢外地的朋友来南京游玩，我总会带他们去奇芳阁吃上一小碟麻油素干丝，在浓郁的麻油香中体味一番金陵古城的韵味。

　　奇芳阁始建于清朝末年，是南京一家著名的老字号酒楼，其总店位于酒楼林立、菜馆毗连的夫子庙贡院街上，格外引人注目。当时，张勋正在江苏督军任上，早听人说奇芳阁的各色小吃风味独特，他也前去尝鲜。这位大军阀出生于江西省奉新县，却对香辣美食兴趣寥寥，在南京客居数载，独爱金陵菜清新淡雅的风味,尤其爱吃煮干丝。听闻这位北洋军阀的大人物大驾光临,奇芳阁的大厨可是发了愁。虽说奇芳阁也有地地道道的南京风味煮干丝,但相较其他的特色小吃,这道煮干丝却少了点独特的风味。

大厨左思右想,终于有了好主意。他先将酱油、陈醋、蒜末、姜丝和剁碎的青椒于一锅熬煮,烹饪出一小碟香浓黏稠的卤汁,再将在滚水中焯过的细细的干丝捞出摆盘,将卤汁浇上,最后点上几滴麻油,撒上一把葱花和香菜末。就这样,一道以南京街头最寻常的煮干丝为灵感烹饪而出的麻油素干丝就新鲜出炉了。张勋吃后赞不绝口,称奇芳阁的这道麻油素干丝既保持了常见的煮干丝那股清新的豆香味,又混入了丝丝缕缕麻油香味,让人闻之生津,食之开胃。久而久之,这道奇芳阁的大厨临时起意烹就的小吃食传入南京民间,成为各色煮干丝中的一朵奇葩。

我和几位朋友驱车前往,来到贡院西街的这家奇芳阁。这间老字号饭馆沿街而立,重檐飞阁,厅堂敞亮,古风盎然,正门高高悬挂着一块匾额,流光溢彩,夺人眼球。步入店中,殿堂陈设古风依旧,堂倌穿着民国时期的服装,轻声缓步,一个不留神,我仿佛穿越回了纸醉金迷的民国年间,要与那张勋一同细品麻油素干丝。

同行的一位朋友对奇芳阁中的各色吃食都极有研究,听他说,奇芳阁的麻油素干丝以选料考究、制作精细、口味绝佳而为老南京人所推崇。首先,对素干丝的选料极为严格。干丝摸上去,手感要硬铮铮的,吃入嘴中口感要酥绒绒的,将干子放入手心,牢牢攥紧,松开后立即还原如初。如果出现断裂或蜂窝状,皆是不合格的食材,须弃之。其次,烹饪工序考究至极。要先将干子切得细如发丝,再将干丝放入大缸子里,用开水烫上两遍,而后用冷水浸

泡，以彻底消除豆制品所特有的那股子黄浆味。然后就是打卤，将卤汁放入锅内以中火熬煮。最后将打好的卤汁和浸泡过的干丝放入锅中，一同熬煮。煮干丝的火候尤为重要，而功夫又皆体现在了干丝的颜色上：乳白色则尚未煮透，酱黑色则火候太过，唯有淡淡的金黄色才是最佳。至此，可将干丝从滚水中捞出，浇上盖头和作料，再淋上些许奇芳阁秘制的小磨麻油，撒上些许绿油油的香菜，香菜的清香味和麻油浓郁的香味萦绕于一处，缠缠绵绵，让人垂涎。无怪乎有名人来奇芳阁享用这道麻油素干丝之后念念不忘，更是题墨宝"知味停车"，其绝佳风味由此可见一斑。

虽然店中饕客众多，但奇芳阁的上菜速度也堪称一绝。我们一行人在店中坐定，刚刚喝了几口热茶，一碟悠悠然冒着白气的麻油素干丝就上桌了。我举起筷子，夹起干丝，送入口中，细细咀嚼。浓郁鲜香的卤汁紧紧包裹着干丝，鲜嫩绵软，却软而不烂。同时一股香浓的麻油味在口中弥漫开，较之南京街头一般的煮干丝，又多了一番风味。

清真·绿柳居菜馆（太平南路店）

地址　秦淮区太平南路248号

电话　025-86643644

炖菜核
青菜中的名肴

　　炖菜核是一道传统的金陵菜，流传至今已有100多年的历史，深受南北食客的喜爱。这道菜以南京万竹园内一种名为"矮脚黄"的青菜烹饪而成，菜肴保持了青菜完整的棵形，菜叶鲜嫩清爽，菜心柔软细腻，口味鲜香，汤汁醇厚，食后让人回味无穷。

　　万竹园坐落于南京古城西凤凰台附近。古时，凤凰台是一处观景台，极目远眺，金陵古城的美景尽收眼底。唐朝时，诗人李白曾游历于此，并写下了"凤凰台上凤凰游，凤去台空江自流"的诗句。万竹园中这种后来用来烹饪"炖菜核"的青菜原本并无这等美名。传说，明朝年间，太祖朱元璋的夫人马娘娘曾在凤凰台观景，看到一只凤凰从来凤街经凤游寺落入附近的万竹园。于是，万竹园成了一块宝地，园中的青菜也跟着沾了光，"矮脚黄"也因其植株矮小而叶子肥厚、梗白芯黄而得名。很快，矮脚黄就风靡于南京市井之中，当时的官厨或菜馆厨师匠心巧运，用矮脚黄烹饪出了许多佳肴，其中以"炖菜核"最为有名。20世纪30年代,上海《新闻报》上曾有一篇文章以《隽味淡菜核》为题,称赞这道承载着金陵古城风韵的菜肴"清新典雅,其味无穷"。

如今,南京街头虽然饭馆林立,却少有厨师愿意花费心思与时间,细细烹饪一道炖菜核。我对炖菜核的记忆也一直停留在幼时母亲亲手烹制的家常口味上。前不久,我外出办事,途经太平南路的绿柳居,当时已过饭点,我饥肠辘辘,急忙进去找吃的。一翻菜单,"炖菜核"几个字赫然映入眼帘,我心下惊喜,忙点了尝尝鲜。

这道炖菜核口味家常而质朴,做起来却颇费功夫,需用砂锅慢慢煨煮入味,对火候的把握尤其关键。做时先将矮脚黄洗净,将其菜头剖出"十"字形刀纹。将炒锅在旺火上烧热,舀入猪油,烧至五六成热,放入矮脚黄余至半熟,再将备用的薄薄的鸡片过油,呈淡淡的乳白色时捞出。这时,最费功夫的活儿来了。要拿出一只小砂锅,将云腿片、冬菇片、东笋片、鸡片依次摆放成圆形,最上面铺一圈矮脚黄,淋上些许黄油、细盐、鸡清汤调配而成的高汤。砂锅放于旺火之上,烧至沸腾,以文火慢慢煨煮15分钟,淋上少许熟鸡油,一锅散发着淡淡的自然清香的炖菜核就出炉了。

我小心揭开滚烫的砂锅盖,袅袅白气扑面而来,裹挟着一股浓郁的香味。拨开青翠欲滴的矮脚黄,露出淡红润泽的云腿片、褐色饱满的冬菇、乳白剔透的鸡肉脯……红绿相映,单就配色而言已是绝佳。我夹起一块薄而剔透的云腿片,它已吸满汤汁,入口绵软而不烂,还飘散着淡淡的清香味。再夹起一筷子矮脚黄,放在碟中吹凉,咬上一口,清脆爽口,犹自带着自然的清香,很是生津开胃。

冬日的南京,无论晴雨,总是带着些许料峭的寒意,砂锅炖菜核便成了最好的一道菜肴。这道用砂锅经文火慢慢煨煮而成的炖菜核既保持了青菜原本的清新风味,又让各色食材口味相融,热乎乎地吃下去,让人陡生几分暖意。酒足饭饱,我走出饭馆,心想,下回一定要约上三五好友,一同来慢慢品尝一下儿时的味道。

阿婆五香蛋

地址	秦淮区建康路水游城对面
电话	无

阿婆五香蛋
记忆里的醇香美味

五香蛋又被南京人称为"五香茶叶蛋"，是南京街头随处可见的一道小吃。五香蛋经卤煮而成，风味独特。香美醇厚的五香蛋，贵在选料新鲜。先将新鲜鸡蛋洗净，以清水煮熟，撒上些许细盐，再将蛋壳敲碎，使之更易入味，放入八角、桂皮、丁香、茴香、茶叶、陈皮、酱油等诸多作料，以文火熬煮数小时。煮的时间越长，五香蛋就越入味。南京人最好的就是那一口香浓的五香蛋，煮的火候就要更过一些。头一天白日里煮好，在卤汁里焖上一晚上入味，翌日一清早再卖。

在南京市井之间，还流传着一个关于五香蛋的传说。从前，有一对夫妻家住在南京城南，以微薄的生意营生。丈夫身体羸弱，时常食欲不振，妻子为了给他进补，每日都做白水煮蛋给他吃，但丈夫还是没有什么胃口。一日，妻子将当晚做红烧肉剩下的卤汁倒入煮鸡蛋的清水中，制成的蛋汤香气浓郁，由此煮出的五香蛋醇香诱人，正合丈夫的胃口。此后，每日入夜之后，丈夫都要吃一枚妻子熬煮的五香蛋。后来，丈夫去外地做生意亏了本，很长时间都不敢回家。一天，突然听到门外传来叫卖"五香蛋"的声音，丈夫出门一张望，原来是妻子寻他来了。丈夫吃着喷香的五香蛋，遂萌生了回家的念头。于是，他跟着妻子一同回了南京城。

虽说南京街头的五香蛋随处可见，但最受当地人追捧的还是要数阿婆家的五香蛋。第一次吃阿婆家的五香蛋，还是几年前的一个冬夜。那天，跟母亲一起去夫子庙附近新开张的一家商场购物，晚上就在附近的麦当劳里随意吃了一些。我俩吃完，刚走出店门，就看到教敷营巷子口那儿坐着一个老婆婆，面前摆着一大锅热气腾腾的五香蛋，浓郁的香味在冬夜清冷的空气里飘得很远。正值冬夜，昏黄的路灯映衬着袅袅的热气，加之卖五香蛋的老婆婆一脸和善，这画面让我倍感温暖。虽然五香蛋闻起来很香，但因为刚吃饱，我与母亲并没有什么食欲，于是径直走开了。然而，没走几步，便觉得这五香蛋的香味越发撩人，差不多走了十几米，我与母亲对视一眼，当即决定折回去买五香蛋吃。

锅里的水很烫，正"咕嘟嘟"地冒着泡，每一个水泡升腾而起，破开时都飘散出一股浓郁的甜香。五香蛋看上去黑黝黝的，分为两种：剥了壳的、没剥壳的。我先买了几个没壳的，尝了一口，当即决定再买几个。每一个五香蛋都很入味，浓浓的茴香味和淡淡的甜味流连于舌尖。茶色的蛋白，金色的蛋黄，每咬一口，都会飘逸出卤汁的香浓之味。寒冷的冬天里，这暖洋洋的香味让人格外满足。

我与阿婆闲聊了几句，当我问她在这里卖了多久的五香蛋时，阿婆说："我从上个世纪就开始在这里卖了，那时每个五香蛋卖一毛三分钱，现在已经涨到了一块七毛钱，你说我卖了多少年了？"听阿婆说，她卤制的五香蛋与别人的有所不同，她会先将鸡蛋放入数年前得来的老卤里慢慢熬煮一晚上，卖的时候还会把蛋放在小锅里，下面的炉子开上小火以保温。阿婆的每

一枚五香蛋都黑得发亮，据说，五香蛋的颜色越深，味道就越好。

后来，南京的美食节目报道了阿婆与她的五香蛋的故事，阿婆也成了夫子庙的红人，每天来买五香蛋的食客络绎不绝，还有大饭店过来订购。按理说，这鲜香浓郁的五香蛋应该再也不愁卖了，但阿婆还是每天都出来摆摊，风雨无阻。有人好奇：她已经不愁五香蛋没有销路，为何还如此辛苦？阿婆说，如果有人大老远跑过来，却没尝到五香蛋，肯定会失望。

在浮躁的今日，总有那么一些传统的美食，不仅口味质朴，背后还闪耀着一份最纯真的质朴情怀。比起美食，这份情怀才是最打动人的。

鼓楼区
心驰神往的经典之味 >>>>

长江之畔,湖川相依,山峦环绕,这里是金陵古城的黄金岸线。走在斑驳的城墙下,看历史风起云涌。清新雅致的名厨佳肴也好,温暖适口的街头小吃也好,无一不是金陵古城最本色的气息。

寻味南京

清真马祥兴菜馆

地址　鼓楼区云南北路32号（近湖北路）

电话　025-83286388

美人肝

人间真美味

说起美人肝，就不能不提南京的清真老字号饭馆"马祥兴"。美人肝是这家清真百年老店中的一道名吃，与蛋烧卖、凤尾虾、松鼠鱼齐名。南京的资深食客都说这四道菜是马祥兴的四大名菜。虽然这道菜肴名为美人肝，但与美人并无半点关系，也并非用肝脏烹饪而成。它的主料是很少见的鸭胰，也就是鸭子的胰脏，每只鸭身上的胰脏都只有小小的一块，一般需要30只鸭的胰脏方能烹饪出一盘清香鲜嫩的美人肝。

这道菜的来历也颇为传奇。马祥兴创建于清朝道光年间，它将北方清真风味的烹饪方法与江南的清新食材熔为一炉，做出的菜肴味道清雅恬淡，吃过唇齿留香，堪称清真南方菜系的佼佼者。相传，当时马祥兴的生意正如日中天。一日，一位客人预订了一桌酒席，负责这桌酒宴的厨师在配菜时突然发现少了一样食材，但已经来不及再准备了，这就意味着酒席会少一道菜。旧时，宴席上菜的数目多是吉利的数字，少一道或是多一道都是失误，轻则会搬起石头砸自己的脚，让这桌酒席的宾客不欢而散，也就失去了一桌回头客；重则可能招致很大的麻烦，比如当时的一些地痞无赖或劣绅军阀可能借机寻衅滋事，勒索一些钱财，这样一来，酒店就会无端蒙受损失。

这位厨师正在发愁，一抬头突然看到正泡在水中的鸭胰。只见那鸭胰色泽粉红娇嫩，质地柔软而富有弹性。后厨经常将这些边边角角的内脏作为食材，用以烹饪厨师的饭菜，因此，鸭胰烹饪后的口感这位厨师心中也大致有数。于是，他大胆使用了这款特殊的食材，将鸭胰在水中氽过，去掉上面那层白色的筋膜，与切成细条状的鸡胸肉一同抓浆，佐以鸭油滑炒。再将香菇、冬笋、高汤等一同调制成咸香美味的汤底，稍稍勾芡，将鸭胰与鸡肉细条一同放入，颠匀爆炒后淋上少许鸭油，一道香气袭人的菜肴就制成了。

厨师因为有所担心，所以亲自将这道菜肴端上桌来。这菜品清新爽口，宾客品尝后大加称赞，并向厨师询问这道美味的菜名。厨师想起烹饪之前的鸭胰无论是色泽，还是形态，都与经常作为食材的鸭肝有几分相似，于是他脱口而出：美人肝。此后，马祥兴的这道美人肝名声不胫而走，众多名人饕客争相前来尝鲜。久而久之，这道美人肝就成了马祥兴的镇店菜肴之一。不得不说，这是一道急中生智的名吃。

时至今日，马祥兴仍是鼓楼区最火爆的饭馆之一，无论何时路过，里面总是人头攒动。我第一次吃这鲜嫩美味的美人肝是在七八年前。当时家中一位姐姐是这道名吃的"死忠粉"，我与她一同来马祥兴吃饭时，她驾轻就熟地点了这道菜，再一人配上一碗熏鱼面。

只见那美人肝娇俏俏地躺在一个浅浅的瓷盘子里，鸭胰与鸡肉丝呈酱色，中间夹杂着彩椒丝，还有青翠欲滴的芹菜。头一次吃美人肝，我就被它的配色吸引了。我拿起筷子，夹起一块，送入口中。火候恰到好处，很好地保留了鸭胰软软糯糯的口感，味道既清淡雅致，又不失鲜香。再夹起一筷子彩椒，清新爽脆，是美人肝的绝佳配菜。

相传，书法大家于右任先生曾来马祥兴吃饭，这道美人肝让他久食不厌。一日酒食余味，他即兴提笔，写下了"百壶美酒人三醉，一塔秋灯映六朝"的雅句。而这雅致脱俗的美人肝也仿佛不再仅仅是马祥兴的一道名吃，而是承载着金陵古城的几多情怀，飘飘然地落入饕客的唇齿之间，还有他们的心间。

清真马祥兴菜馆

地址　鼓楼区云南北路32号（近湖北路）
电话　025-83286388

蛋烧卖
不失本色的招牌菜

蛋烧卖是南京的一道传统名吃，也是南京百年老字号"马祥兴"清真菜馆的四大名肴之一。街头常见的烧卖常用面皮来包裹肉馅儿，而马祥兴的蛋烧卖用薄薄的鸡蛋皮来包裹肉馅儿，这一点着实新奇。马祥兴蛋烧卖的馅料以虾仁为主，制作时先将虾仁洗净，切成米粒大小，再佐以葱末、味精等调料，搅拌均匀，包裹在鸡蛋皮中，上笼蒸熟后淋上些许鲜汁。这道菜肴造型雅致，色泽艳丽，鲜嫩美味，让八方食客食而忘忧。

后来，蛋烧卖的烹饪手艺从马祥兴传入民间。小时候，走在南京的大街小巷，经常看到有的小店铺门口摆着一口浅浅的铜锅，上面支着一把小小的架子，小贩则埋头做着蛋烧卖。每当这时，我总是忍不住为之驻足片刻。鸡蛋皮的制作过程虽说工序并不烦琐，却趣味盎然。只见那小贩利索地将鸡蛋在碗沿上一磕，将蛋液打入碗里，用筷子顺时针搅拌均匀，使蛋清与蛋黄交融。然后，在勺子上抹上熟透的鸭油，将其加热。再用汤匙舀一匙蛋液，缓缓倒入这滚烫的勺子中，轻轻晃动手中的勺子。这晃勺子的动作看似简单，却尤其考验一个人的功力。若是生手拿勺子，肯定会笨手笨脚，用力也不均匀，晃出来的鸡蛋皮十有八九会像出自孩子之手的饺子皮一般，东缺一大口子，西长出来一大块，虽说可爱，却有失精巧。唯有老手，才能晃出薄而匀称的鸡蛋皮。晃好鸡蛋皮后，包上适量的虾肉馅儿，在烧卖的合拢之处点上些许青菜末、红椒末，然后上蒸笼，用旺火蒸10分钟左右，就可以出炉了。出锅的蛋烧卖小脸圆乎乎的，在笼子里相互簇拥着，实在可爱。围观半天，我总忍不住买上一笼，迫不及待地咬上一口。刹那间，味蕾如同享受一场狂欢一般，口腔的角角落落里都是蛋烧卖的鲜香、软嫩。

这风靡金陵城的蛋烧卖背后还有一段故事。民国年间，白崇禧经常光顾马祥兴，最爱吃的就是这家店里的虾仁和烧卖。久而久之，厨师金宏义就投其所好，用鸡蛋皮裹着虾仁，做成烧卖的形状，用汽锅将其蒸熟。出锅以后，再淋上些许用鸭油、鸡汁、菱粉调配而成的卤汁。于是，一笼小巧玲珑、色泽艳丽的蛋烧卖就制成了。白崇禧品尝之后，觉得很合口味，连连喊着要赏厨师。从此，蛋烧卖不仅位列马祥兴的四大名肴之一，还成了金陵的一道名肴。

一天，我路过马祥兴，虽说是早晨，但里面的饕客已不少。因为是早餐，我想吃得简单些，就只点了一笼蛋烧卖和一碗赤豆元宵。不一会儿，冒着热气的蛋烧卖和赤豆元宵就端上了桌。黄灿灿、圆乎乎的蛋烧卖摆放在白色的浅盘中，旁边一个小碟子里放着秘制的酱料。我夹起一个蛋烧卖，蘸上些许酱料，凑到嘴边咬了一口。外面的那层蛋皮酥软鲜嫩，带着淡淡的蛋香味，里面的虾仁与软糯的肉馅儿混合在一起，口味清淡，却很入味。吃饱以后，在南京古城优哉游哉地漫步，回头看一眼，马祥兴的早餐外卖部那儿已排起了长龙。

鸡蛋皮与虾仁，最简单的食材却造就了经历数十载的风雨而依旧不失本色的美味，也许这就是食材与食材邂逅所成就的美食传奇吧。

蓝老大糖粥藕店

地址	鼓楼区新街口金鹰二期地下一楼超市内
电话	无

糖粥藕
清新飘逸的夜宵

在飘着雪的冬日里，喝上一碗热气腾腾的糖粥藕，对于老南京人而言，是一件无比惬意的事情。每个老南京人的儿时记忆里，都飘散着糖粥藕清新而甜蜜的味道。糖粥藕是南京古城的一道传统甜点，用糯米熬制而成，既有黏稠的米汤，又有颗粒分明的糯米。用文火慢慢熬煮的过程中，放入红糖，加入大截大截的藕，食用时，再将一大截藕段切成薄薄的片，拌入热粥之中。

南京人吃喝也好，过日子也罢，都图个好彩头，于是，这糖粥藕也被老南京人赋予了美好的寓意。莲藕多孔，小孩吃了开窍早，大人吃了路路通。藕断丝连，也象征着即使亲人远离故土，依然血脉相连，牵挂着彼此。糖粥色泽红润，象征着居家过日子红红火火。粥里放入莲子和大枣，象征着早生贵子、人丁兴旺。粥中漂浮着零星桂花，象征着财运亨通，大富大贵。因此，来到南京，这糖粥藕是不得不吃的妙品！

犹记得儿时，每当夜幕降临，在"炒元宵""炒米糖开水""茶叶蛋""叮当饺子"等热热闹闹的叫卖声之后，往往会传来"糖粥藕啰！"的叫卖声。穿着家居服的大人小孩纷纷从家中出来，手中拿着大大小小的碗，买上一碗，回家慢慢喝。南京老幼妇孺皆好的糖粥藕价格公道，清香宜人，静心宁神，无论春夏秋冬，都可以在临睡前喝下一碗。如今，很少能见到穿梭于大街小巷，一边推着小车，一边吆喝着招揽顾客的糖粥藕小贩了。取而代之的是临街而立的一家家卖糖粥藕的小铺子。

提起糖粥藕，南京的吃货们第一个能想到的，肯定是老字号"蓝老大糖粥藕店"。一天，与友人相约，途中碰巧路过新街口附近的蓝老大糖粥藕分店。门头是黑色的，上面用醒目的黄色写着店名，最上方低调地写着"百年老店"四个字。最吸人眼球的要数端端正正摆在门口的几口大锅，这几口锅个头儿硕大，通体呈褐色，一看就是经受过多年风霜与岁月洗礼的陈年老锅。伙计拿刀麻利地切着藕片。这切藕的刀是铜制的，切起来虎虎生风，看来很是锋利，也为这百年老店平添一些古韵。

"快来尝一碗吧！"老板娘热情地招呼我们。步入店中，伙计一把揭开铜盖，一阵袅袅的白气裹挟着暖洋洋的清新甜香扑面而来，让人为之沉醉。这时，老板亲自上阵，抄起一节胖嘟嘟的糖藕，一把铜刀带风而起，只听"唰唰唰"几声，一节藕就被切成了薄薄的片。伙计取出一只白瓷小碗，舀

上两勺热乎乎的糖粥,再扣入藕片,一碗泛着旖旎红光、清香袭人的糖粥藕就上桌了。

我将手捂在这热乎乎的小碗上,一股暖意袭来。仔细打量,这粥黏稠而细腻,呈深褐色;藕片切得薄薄的,几近透明,是好看的淡紫色;乳白色的米粒颗颗分明。舀起一匙,吹凉一些,纳入口中,有一点点烫嘴,但冬日里喝着最是舒服。一股藕的清香与特殊的米香杂糅在一起,在口中弥漫开来。我不由得想到张通之在《白门食谱》中对糖粥藕的描绘:"……未煮时,先取肥而嫩者,洗净其泥淬,然后以糯米填入孔内,放稀糖粥中煮熟,食时又略加桂花糖汁,香气腾腾,藕烂而粥黏,亦养人之佳品。"

时光飞逝,这些年来,伴随着我们长大的蓝老大家的各色吃食价格也涨了不少,糖粥藕从最初的五毛钱一碗"飙升"到了今天的五块钱一碗。尽管如此,这家老字号的生意依旧红火,每天售出数百份,卖完即止。我想,很多人千里迢迢来此寻觅的,也许并非一碗简单的糖粥藕,而是在时光里逝去的甜美吧。

杨家馄饨店
地址　鼓楼区水佐岗48巷
电话　无

杨家馄饨
鲜嫩多汁的市井味

过去，在金陵古城流传着"冬至馄饨夏至面"的说法。根据南京当地的传说，馄饨最初制成是在冬至这一天，因此，到了冬至，家家户户都会吃上一碗热腾腾的馄饨，就如北方人会吃饺子一般。

据说，明朝年间，一年冬至日，太祖朱元璋与马娘娘一同微服出宫，深夜返宫。隆冬时节，入夜后飘起了星星点点的雪花，二人又冷又饿，沿途经过一个小铺子。那间茅草搭成的小铺子看似简陋，却飘出一阵阵撩人食欲的清香。饥肠辘辘的朱元璋和马娘娘赶紧下了马车，进去询问老板娘做的是何种美食。

原来，这家小铺子平日里是靠卖饺子营生的，这日天气太冷，食客很少，入夜后还剩下一小团面。于是，老板娘将这团面擀成了比饺子皮更薄、更剔透的面皮，在面皮中包上些许肉糜，再放入滚水中一煮。老板娘见二人衣着华贵，心想定是达官显贵，便慢慢盛出两碗馄饨，再舀一勺浓郁鸡汤，撒上些许葱花，端到二人面前。一碗热乎乎的馄饨下肚，朱元璋和马娘娘感

觉暖洋洋的，于是重重打赏了老板娘。由此，金陵古城每逢冬至吃馄饨的习俗也流传了下来。

南京街头大大小小的馄饨铺子不下百家，其中杨家馄饨是最地道的老金陵味道，是难得的民间美食。

我还记得第一次去杨家馄饨寻觅美食的情形。那是一个冬日，下着淅淅沥沥的小雨，天灰蒙蒙、阴沉沉的，我只身一人穿梭在南京错综复杂的小巷子里，来来回回兜了好几个圈，终于找到这家隐匿于水佐岗里的小铺子。当时已过饭点，但小小的店面里食客仍坐得满满当当，等了半天，好不容易有一个空位。我刚落座，老板就麻利地上来收拾干净桌子，热情地招呼我。杨家馄饨分为中碗和小碗两种，中碗6元钱，小碗4元钱，还有甜、咸两种口味的烧饼。我点了一份小碗馄饨，外加一个甜烧饼。

杨家馄饨素来以脆嫩、香甜的口味而闻名，与北方馄饨或其他地区的馄饨大不相同，究其原因，应该是馅料的缘故。杨家馄饨在制作过程中主要靠"打肉"，不同于其他地方的"切肉"。每日凌晨，老板会亲自去菜市场购买当日刚宰杀的生猪，只选取最新鲜的猪腿上的纯瘦肉。烹饪过程中，猪肉不能下水，烹饪时间也不能超过中午，因为时间太久就会影响猪肉鲜嫩多汁

的口感。将腿肉上的筋膜去除，顺着纤维横向切成条状或块状，放在案台上，用木槌反复敲打。敲打时也有小窍门，就是将瘦肉竖着打，这样能最大限度地保留住肉中的水分。将瘦肉一直敲打到黏如糊、烂如绵的程度，再添入少量细盐、小苏打水、味精，用筷子搅拌均匀成糊状。

  包馄饨的面皮也有讲究，和面时要在面粉中掺入少量碱水。面醒好后，擀成薄薄的一张大皮，再切成7厘米见方的小面皮，放入些许猪腿肉馅儿。包出来以后，每个馄饨如桂圆大小，呈精巧可爱的蝴蝶状。杨家馄饨配的汤底也极为考究，是用猪骨头以文火慢慢煨煮而成的清汤。将一个个圆润可爱的馄饨放入清水锅中煮开，待馄饨浮上水面，用小笊篱悉数捞起，淋上些许新鲜猪油、酱油，佐以各色调料，冲入滚烫的高汤，撒上点翠绿的香葱，一碗香甜脆嫩的杨家馄饨就做好了。

  南京人经常将吃街头巷尾那种只有皮儿、馅儿很少的馄饨称为"喝馄饨"，但我低头看看眼前这碗满满当当的杨家馄饨，它们个头儿大，肉馅儿饱满，怕是很难"喝"起来了。我轻轻用勺舀起一个馄饨，只见馄饨皮薄如蝉翼，隐隐透出里面淡红色的饱满肉馅儿，口感很足，一口吃下一个，那满足劲儿太美妙了！

  "阿要辣油啊？"（你要辣椒油吗？）这句极富南京本土特色的话语就出自吃馄饨的时候。因为南京人不论吃辣与否，吃馄饨时总习惯放上一点儿辣椒油。你可别小瞧这小小一勺辣椒油，它有着画龙点睛的奇效，能让馄饨鲜嫩中透着香辣，热辣中又有淡淡回甘的味道。

寻味南京

金陵大肉包

地址　鼓楼区汉中路2号
　　　（金陵饭店后门）

电话　025-84711888

金陵大肉包

一个就管饱

若问老南京人，南京最著名的酒店是哪一家，十有八九他们会告诉你是金陵饭店。金陵饭店是南京经年未变的地标性建筑，也曾是全国第一高楼。它坐落于南京市中心新街口附近，而以个儿大、馅儿鲜著称的金陵大肉包就出于此。

既然到了南京，人尽皆知、久负盛名的金陵大肉包就不容错过。南京人素来爱吃包子，无论是汤包，还是小笼包。但在南京偌大的"包子界"里，出自新街口的金陵大肉包无论是个头儿还是性价比，都是无与伦比的。"金陵大肉包"铺子位于金陵饭店的后门。相较于金碧辉煌的江苏第一家五星级酒店，这家小小的包子铺显得毫不起眼。但一点儿也不夸张地说，每日早晨，这家包子铺门口总会早早地排起长队，从黎明到黄昏，只要是营业时间，这间小铺子门口永远有食客在等待着热气腾腾、鲜嫩多汁的大包子。人群当中，既有南京当地的老顾客，也不乏千里迢迢慕名而来的外地食客。

金陵大肉包之所以出名，除了馅料风味独特、鲜嫩多汁，个头儿巨大也是原因之一。一般食量的女孩子，早餐时吃上一个就饱了。网上有报道说，曾有记者专门买了金陵大肉包上秤，结果每个包子足足有153克，不愧是包子界的"巨无霸"。

我每次经过金陵大肉包铺子，总会耐着性子排上半天的队，只为尝一尝那思念已久的味道。这金陵大肉包的面皮是用东台中筋面粉全发酵后制作而成的，在笼子里蒸熟后，咬上一口，松松软软，带着面粉淡淡的甘甜。鲜嫩多汁的馅料选用的都是精瘦的前腿肉，搅碎成肉糜之后再佐以细盐、酱油、料酒、葱花等调料。一大口肉馅儿触及舌尖，口感饱满而紧致。里面的酱汁是店家秘制的，黏稠而醇厚，带着微微的甜味，堪称点睛之笔。些许酱汁渗入面皮之中，甜而不腻，回味无穷，比肉馅儿还要好吃几分。

这家包子铺的大肉包是招牌，但除了大肉包之外，还有诸多其他传统美味，诸如素菜包、三丁包、豆沙包等。除了大肉包，三丁包也是我的心头好。他家的三丁包延续了个头儿大、馅料足的传统，经手工制作而成，外观上平淡无奇，但里面的馅料却很丰富。肉丁肥瘦相间，一口咬下去，渗出香浓的汤汁，却油而不腻。清脆爽口的笋丁与香浓撩人的香菇丁相辅相成，清爽之中透出几分浓烈。此外，他家的豆沙包也不错，沙沙的口感绵密而细腻，纯正而自然，里面还掺杂着不少红豆皮，应该是自家用红豆现做的。淡淡的豆香和恰到好处的甜味都很讨巧，符合大众口味。

"金陵大肉包"包子铺不仅有现蒸现卖的热乎肉包，还有冷藏在冰柜里的半成品。赶时间的话，也可以买这种冷藏包子回去加热后食用，即使在家里，也能尝到正宗的金陵大肉包。

吃完手中捧着的新鲜包子，我也买了一袋冷藏包子，准备带回家慢慢吃。毕竟，金陵大肉包承载着我们太多的青春记忆。犹记得学生时代一个个睡眼惺忪的早晨，我匆匆从母亲手上接过刚蒸好的大肉包，一边啃着，一边踏上上学路。而今，青葱岁月如飞走的鸟儿，不再回头，唯有这熟悉的味道陪伴着我。

南京精菜馆

地址　鼓楼区北京西路7号
电话　025-83301777

菊花脑蛋花汤

清热降火

　　在南京流传着这样一句俗语："南京人，求不老，不吃鱼肉爱吃草，枸杞、芦蒿、菊花脑。"对于吃，南京人不仅讲究烹饪方法，对食材更是考究至极，将"不期不食"的传统演绎到了极致。对南京人而言，唯有顺应时节的时蔬、时鲜烹饪而成的美味，才是最上乘的美味。在南京人最爱的时蔬之中，最少不了这道菊花脑蛋花汤。

　　说起菊花脑，许多人可能会觉得陌生，但它却是南京人餐桌上最常见的一道时蔬。菊花脑是菊属草本植物，分为大叶菊花脑和小野菊花脑两种，其中大叶者叶肥而香醇，是烹饪佳肴的绝佳食材。到了夏天，连续数日高温不下，人的胃口自然也不佳。这时候，煮上一大碗菊花脑蛋花汤，既清热解毒，又调中开胃。此外，菊花脑还带有一股特殊的植物芳香之味，食之清新爽口，除了煮汤，还可炒食或凉拌，让人食之难忘。

　　说起来，菊花脑蛋花汤背后还流传着一段民国年间的名人逸事。有一次，蒋介石、宋美龄夫妇受邀前往南京当地以各色素菜著称的"绿柳居"用餐。正值盛夏时节，窗外的知了在枝头鸣叫不已。据说，蒋介石年轻时尤其爱吃冷饮，人到中年后牙齿便不太好了，加上天气太热，上了火，犯了牙疼的毛病。绿柳居的堂倌接连上了几道招牌菜，蒋介石都兴致寥寥，有的甚至动都不动。

厨房的厨师们着急了，一位老厨师正发愁呢，一转头，看到墙角菜篮里刚从田里采回来的菊花脑，翠绿翠绿的，还带着露水，顿时灵光一闪。老厨师拿了一把菊花脑，清洗干净，放入清水中，再将两枚鸭蛋磕入汤水之中。三五分钟，一碗飘散着清新香味的菊花脑蛋花汤就出锅了。菊花脑素来就是夏日里清热解毒的好"草"，而鸭蛋性温良，也可祛湿降火。蒋介石舀起一小匙汤水送入口中。这汤水虽然热乎乎的，一口下肚，心头的燥热却一扫而光。蒋介石胃口大开，连着喝下两碗菊花脑蛋花汤。热腾腾的汤水让他大汗淋漓，他大呼过瘾。从此，这道厨师临时起意的菊花脑蛋花汤也成了绿柳居的一道招牌菜，而夏日的民间餐桌上最常见的菊花脑也多了一种吃法。

我最近一次喝菊花脑蛋花汤，是在南京精菜馆。听人说，这家饭馆的南京菜肴尤其地道，于是我约了朋友一同来探店。翻一翻菜单，果然是最传统的金陵菜。正值盛夏，我们对荤菜类美味少了一份执念，决定发扬南京人爱吃"草"的习性，点了清炒马兰头、回鱼焖藕片、韭菜炒嗦螺、菊花脑蛋花汤，时蔬是这顿饭的主角。

这菊花脑蛋花汤，重点在于食材原汁原味、清热降火，烹制很简单。不一会儿，一大碗菊花脑蛋花汤就上桌了，只见那碧绿碧绿的汤水中漂浮着丝丝缕缕嫩黄色的蛋花。我舀起一勺，轻轻一抿，菊花脑很新鲜，清清爽爽，一股特殊的芳香在嘴里弥漫。蛋花软软嫩嫩，味道醇香，与菊花脑的清香搭配起来，恰到好处。

夏夜里，临湖而坐，一小口、一小口，慢慢喝下一碗菊花脑蛋花汤，白日里累积下的暑气也消散了一大半，让人通体舒畅。悠扬的蝉鸣远远地从湖畔飘来，连这清心凝神的汤水也多了几许禅意。

建邺区
迎来送往的人气美食 >>>>>

湖河拥簇,纵横交错,这里有太多江河故道的遗存,也有太多历史风雨的痕迹。时光流逝,唯有建邺的老味道唤醒着人们的味蕾,咂舌之间,你可听见道道美食的"低声细语"?

寻味南京

南京华泰万丽酒店

地址　建邺区奥体大街139号（近巴山路）

电话　025-83388888

少帅红烧肉
香气袭人，不同凡响

南京既是纸醉金迷的金陵古都，又是民国时期各大政要的聚集之地。来到南京，一定要循着历史的足迹，品尝一番民国年间在各色宴席上盛行的菜肴，其中自然少不了这道少帅红烧肉。

少帅红烧肉是厨师用肥瘦相间的五花肉佐以调料和香料，再放入小小的瓷坛子里以文火慢慢煨煮而成的。成菜之后，色泽红润油亮，汤浓肉烂，香气浓郁，肥而不腻。顾名思义，这一道菜自然与少帅张学良有着颇深的渊源。

相传，少帅府中厨师阵容之强大令人咂舌。这些大厨主要来自江南与东北，擅长烹饪各种南北美味，品种达400多种，高档的菜品诸如鱼翅、熊掌、燕窝、烤鸭、鲍鱼等，应有尽有。寻常的菜品诸如青椒炒肉、小肉丸子、红烧肉等，灶上功夫也是了得。尤其是那道肥而不腻、荤香浓郁的红烧肉，张学良虽吃了千百遍也丝毫不厌倦。

据说，张学良对这红烧肉情有独钟缘于一次偶然。有一次，张学良偶然出席了南京当地一家银行举办的一场宴会。当时满桌子都是珍馐美味，但张学良早已吃腻了这些山珍海味，席间兴趣寥寥。等到装在瓷坛子里的红烧肉冒着腾腾热气端上桌来时，香喷喷的肉味立马勾起了他的食欲。那瓷坛子里的红烧肉一片诱人的酱红色，少帅心想它定是出自高人之手。夹起一试，果然味道香糯甜软，肥而不腻，瘦而不柴，绝不是一般的家厨可以比拟的。少帅胃口大开，一人几乎将一坛子红烧肉吃光。

回到家中，张学良跟同是美食家的赵四小姐称赞适才吃过的那道人间美味。赵四小姐在浙江长大，尤其偏爱红烧肉这类甜口的菜肴，听后也是心痒难耐。眼见着赵四小姐嘴馋，张少帅几经思虑后，委婉地向南京的那位银行行长提出，很是欣赏他公馆中那位家厨烹饪的红烧肉，食用后念念不忘。行长是个明白人，随即允诺，让家厨张师傅去伺候总司令。自此，张师傅就供职于少帅府，每隔几天就要烧上一两回红烧肉，或是让少帅与赵四小姐大快朵颐，或是用来款待宾客。久而久之，这道深受少帅青睐的红烧肉也出了名，并得名"少帅红烧肉"。

位于奥体大街的南京华泰万丽酒店里不少菜肴都颇具特色，沿袭了民国年间菜品的风格与口味。我和朋友这次专为这道闻名已久的少帅红烧肉而来，此外，还点了店中人气很高的大汤黄鱼和上汤秋葵。

少帅红烧肉要用瓷坛子慢慢煨煮而成，非数十分钟而不能成。我们一边喝着鲜嫩可口的鱼汤，一边嚼着碧绿爽脆的秋葵，左等右等，这道少帅吃了半个多世纪仍念念不忘的名肴才姗姗而来。只见一小块一小块肥瘦相间的五花肉簇拥在瓷坛子里，还冒着袅袅的热气。夹起一块，凑在嘴边吹凉一些，才送入口中。薄薄的肉皮韧性很足，浓郁的酱汁中有甜味，却不过分，淡淡的，很爽口。中间的一层肥肉一点儿也不腻，软软糯糯，飘散着浓郁的肉香。最里一层的瘦肉口感鲜嫩，可见火候把握得恰到好处。五花肉下面还铺了一层晒干的腌制蔬菜，红烧肉的酱汁都渗入下层的腌菜之中，味道香浓而不腻。

吃罢，我与朋友打着饱嗝走出酒店，那少帅红烧肉甜蜜清香的味道仍萦绕于唇齿之间，让人在酒足饭饱之时，仍忍不住回味适才吃到的美味。我想，下次有机会我一定会再来尝一下这道名肴。

寻味南京

南湖牛肉砂锅店

地址　建邺区文体西路南湖育英村5幢边

电话　13905160360

砂锅粉丝煲

冬日里的享受

在南京，砂锅粉丝煲也算得上一道深受人们喜爱的美食。尤其是在冬天，吃上一碗冒着袅袅热气的砂锅粉丝煲，可以说是一种无上的享受。

砂锅粉丝煲这种市井小吃，吃的就是它的接地气与原汁原味。老早以前，朋友就跟我推荐过，南湖这家店的砂锅煲十分美味，但我前去品尝的计划一直被耽搁，直到不久前我去文体西路那边办事，才决心要寻觅一下这家隐匿于市井之中的美味小店。

"南湖牛肉砂锅店"，第一次听说这个名字的时候，我总觉得它有些呆板，比起其他店名少了些许人情味儿和格调，可是换个角度一想，这店名倒也体现了店主对自家砂锅煲的自信。据说这家店的粉丝煲里放了酥烂入味的牛肉，别有一番风味。不少住在附近的居民都是这家小店铺的常客。傍晚时分，我来到这家小店，只见店里坐着不少穿着家居服的食客，正埋头吃着热腾腾的砂锅粉丝煲。

这家砂锅店布置得很简洁，也很干净，是为砂锅煲量身打造的。灶台是用泥砖砌成的,外侧贴着白瓷砖,显得很干净。上面一只只小小的砂锅一溜儿排开,一口锅对应一眼灶。后面的砂锅一只只垒起来,码得很整齐,如同一座小山一般。

我坐在邻近后厨的一张小桌上,正好能透过玻璃窗打量后厨的情况。只见店里的伙计正在麻利地为晚间饭点售卖的砂锅做着准备工作。他将细细的粉丝放在温水中泡发开,再将它与事先早已清洗干净的青菜、金针菇、面筋包等食材一同放在一口口小小的砂锅之中。等客人来了,现点现做。将秘制的老卤倒入砂锅中,摆上几片切得薄薄的牛肉,搁上几枚小巧玲珑的鹌鹑蛋,先用大火煮开,再转用文火慢慢熬煮数分钟。食客可以根据个人的口味和偏好,加入捣碎的蒜末、碎碎的香菜、爽口的榨菜和香喷喷的油炸花生米,嗜辣的食客还可以舀入两勺红彤彤的辣椒油。之后,热气腾腾的砂锅牛肉粉丝煲就做好了。

一口小小的砂锅摆在面前,袅袅的热气扑面而来,香味直往鼻子里钻,勾引着我肚子里的馋虫。我毫不犹豫地舀起一个吸收满了汤汁的面筋包,放入嘴中。在我看来,面筋包算得上整个砂锅粉丝煲中最精华、最美味的部分。面筋包是南京人惯常的叫法,也叫"面筋泡",其实就是众所周知的油面筋。这松松软软的面筋包经文火慢慢煨煮,将砂锅汤汁之中的精华都吸了进去。入口时,口感软软的,却韧劲十足,一口咬下去,咸鲜浓郁的老卤充盈在口腔之中,实在是太美味了。不过,还是要小心烫嘴。

吃罢面筋包,我用筷子夹起细细的粉丝,吹凉一些,送入口中。粉丝软而不烂,细细咀嚼,还保留了些许韧劲。砂锅粉丝煲里的几枚鹌鹑蛋味道也很鲜美,因为事先卤过,吃起来香喷喷的,很是入味,让人胃口大开。一碗砂锅粉丝煲吃下肚,南京冬日里刺骨的寒意也消散了大半,让人有酣畅淋漓的快感。

说起来,南湖地区汤浓而味美的砂锅还真是不少。汤足饭饱,走出南湖牛肉砂锅店,我发现它旁边还有一家砂锅店,里面坐满了食客,想来味道也是不错的。有机会的话,应该将这一片的砂锅店都试一下,用自己的舌尖来细细品味那鲜香浓郁的砂锅煲,看看到底哪一家更合口味。

两淮一绝（凤凰西街店）

地址　建邺区凤凰西街龙凤玫瑰园163号（近南京审计学院莫愁校区）

电话　025-86601377

长鱼面
诱人的鲜香

　　长鱼面是江南地区街头常见的一道风味小吃，尤其以扬州市宝应县氾水镇上的面馆烹饪出的长鱼面最为鲜美诱人，总有远方的饕客慕名前来，只为品尝这道地方风味。久而久之，这碗鲜美爽口、汤水醇香的长鱼面也传入南京，为老南京人的日常餐饮平添了一抹动人鲜香。

　　这碗面中所谓的"长鱼"，其实就是江南地区常见的黄鳝。将黄鳝剔除骨头后，放入油锅中煎炸至金黄，捞出沥干油，佐以各色调料，以文火熬制成汤，盛碗装好，最后再将浓郁的汤汁与煮好的面条拌在一起，一碗鲜美热乎的长鱼面就做好了。

　　南京人的早餐最是丰盛，小笼包、汤包或锅贴配上一杯热腾腾的豆浆是标配，这种吃法虽然既便捷又美味，但吃久了难免让人觉得少了些情趣。于是，碰上哪个不赶时间的早晨，南京人更愿意惬意地坐在自家楼下的小面馆里，慢吞吞地吃下一碗热腾腾、香喷喷的面条。皮肚面、熏鱼银丝面、小排面、大肉面、长鱼面……面的浇头各式各样，口味自然也不同。各色面条之中，我最爱的是长鱼面，软嫩细腻的鳝鱼块入口即化，鲜美的鱼汤渗入面条之中，"哧溜"一声面条滑入口中，别提多美了。

南京街头的长鱼面我尝过不少，但最合口味的还是凤凰西街上的这家名为"两淮一绝"的小面馆。这家长鱼面馆是地地道道的宝应氾水人开的夫妻店，已经有一些年头了。这里不仅有最正宗的长鱼面，而且夫妻俩还将颇具南京特色的皮肚和腰花融入长鱼面之中，打造出更符合南京人口味的长鱼面。夫妻俩隔三岔五就会从宝应那边买回口味纯正的野生鳝鱼，佐以南京本土作坊手工压榨而成的油，头一天晚上早早熬制浓汤。不论何时，店里的客人都坐得满满的，他们大多是居住在附近的常客。

于我而言，长鱼面堪称美味与营养的完美结合，吃长鱼面也是视觉与味觉的双重享受。听老板娘说，一碗长鱼面好不好吃，关键在于浇头，也就是其中的鳝鱼块和鱼汤。烹饪面汤的浇头很有讲究，要先将鳝鱼活杀去骨，将长鱼骨佐以几味香料，以大火猛煨五六个小时。这时，长鱼骨已在滚水中化为粉末状，骨头里富含的胶质及其他营养成分全部煨入汤水之中。乳白色的汤汁，稠稠的、浓浓的，风味绝佳，将鳝鱼的清香和鲜美展现得淋漓尽致，绝非其他汤汁能比。

鱼汤熬好后就该烹饪鳝鱼块了。这道工序看似简单，实则最要功夫。舀一勺猪油，在锅里烧至五六分热，将鲜嫩细腻的鳝鱼块放入锅中，以猛火爆炒，快速翻动，颠几下锅，关火。撒上一些细盐调味，以锅里的余温稍微焖一会儿就可盛盘。炒鳝鱼块的要点在于火要急而且速度要快，这样才能保持鳝鱼鲜滑爽嫩的口感，完美地锁住鱼肉的汁水。

食用时，将面条在清汤锅里氽过，下入鱼汤之中，配上些许绿油油的韭菜，放上几块鳝鱼块，撒上少许胡椒粉。乳白的汤汁、软糯的鱼肉、翠绿的韭菜相互映衬，最是赏心悦目。

作为一个土生土长的南京人，我是吃着长鱼面长大的，自然不会错过任何一个吃长鱼面的机会。每次来到这家店，我都会点一碗长鱼面。等上三五分钟，一碗冒着袅袅热气的长鱼面就端上桌了。拿筷子搅拌一下,长鱼面的鲜味伴随着胡椒的辛辣与韭菜的浓香,一起扑鼻而来,其中还夹杂着一股皮肚的荤香,让人食欲大开。里面的鳝鱼块鲜嫩多汁,细腻柔滑,咂舌之间就消融在了唇齿之间,火候真是分毫不差。吸饱了鱼汤的面条也沾上了浓郁的鱼香味,萦回于唇齿之间,轻轻松松滑过喉咙。吃罢面条,我再一勺一勺慢慢地喝下汤汁,鲜香的余味洋溢于舌尖,让人无比满足。

就饮食而言,南京人最传统,且看夫子庙琳琅满目的传统小吃,陪伴着南京人走过了多少岁月。同时,南京人也最新潮,南来北往的各地吃食,只要合了南京人的口味,他们照单全收。正如这长鱼面,清新爽口、鲜美应时,轻轻松松在南京扎稳了根,成了老南京人的心头好。

蟹步虾来

地址　建邺区富春江东街79-1号（近双山路交叉口）

电话　025-86550197

砂锅海参粥
清香又营养

在中国的饮食文化中，"粥"源远流长。在4000年前，中国的粥主要为食用，2500年前，始作药用，后来，粥实现了"食用"与"药用"的高度融合，进入带有浓重人文色彩的"养生"层次。南宋年间，著名诗人陆游也对食粥养生大力推崇，曾作《粥食》诗一首："世人个个学长年，不悟长年在目前。我得宛丘平易法，只将食粥致神仙。"中华悠悠5000年，粥与人之间的关系就正如粥本身一般，绵密而黏稠，作为中国的一种传统食品，粥的地位在中国人的心目中也可见一斑。

南京人尤其爱喝粥，深谙粥文化之精妙。南京街头，食粥的铺子也不少，但若论诸多粥品中最经典的一道，则当属砂锅海参粥。文火慢煨的烹饪技巧、天然纯朴的砂锅器具与滋补养生的海参结合在一起，成就了一锅飘散着清香的粥品。

海参素来有"水中人参"的美称，由此可见其营养价值之高。作为粥品中的一味主料，海参是再合适不过的了。说起来，海参的本味很清淡，除了来自海洋那股若有若无的腥味，几乎没有任何浓烈的味道，口感也以清脆爽口见长。很多地方都以海参入粥,最常见的就是海参小米粥。但来到南京街头的粥铺子里,这道砂锅海参粥却鲜少使用小米,而是用白米。

就烹饪而言,南京人素来细致,烹饪砂锅海参粥时,一碗看似平淡无奇的白米粥也花足了心思。南京人煨煮砂锅海参粥时有六大要点:其一,一定要选新米,绝不要陈米,因为米一旦陈了,黏性就不够,这样一来,粥就少了些黏稠的口感,色泽上也不够白净清爽;其二,淘米要把握分寸,既要将米淘洗干净,又不能将粘在米粒上的米浆都完全洗掉;其三,将米粒浸泡在清水中1个小时,然后将水沥干;其四,米与水的搭配比例要合理,熬出来的粥才能达到黏稠顺滑的口感;其五,熬粥所用的器皿必须是砂锅,唯有这种接地气的器皿熬煮出来的粥喝起来才有滋有味;其六,必须以文火慢慢熬煮,直到将米粥完全熬透,前前后后至少2个小时。等到一股清新的米香味充盈了整间厨房,揭开砂锅锅盖,乳白色的米汤直往外冒。这时,将早已洗净的海参放入砂锅里,撒上些许细盐,再撒一把姜丝提味去腥,继续煨煮半个小时。等砂锅里的粥水咕嘟响时,火候也差不多了。熄火,撒入一把葱花,此时粥水仍处于滚热的状态,一瞬间就将葱花的清香挥发出来。

回溯到若干年前,海参对于寻常人家仍是一种金贵的食材,我儿时也难得吃到一回。记忆里,头一次喝到这鲜香美味的砂锅海参粥,是一次连着高烧了数日,退烧后母亲特意熬了这款粥品,为我调理身体。犹记得,当时这一小锅清新爽口的粥喝得我唇齿留香。热乎乎的粥入了肚,我微微出了一身汗,身体也好了大半。

最近一次的砂锅海参粥,是与母亲一起在富春江东街的一家名为"蟹步虾来"的店喝到的。据说,这家店的白米粥是老火靓粥,一大早就摆在炉子上,以文火慢慢熬煮。到了中午,这米粥已入了火候,口感黏稠,米香四溢。这时,再将新鲜的海参下入滚粥之中,以旺火熬煮片刻。这样既保持了海参鲜嫩的口感,又让米香渗入其中。舀起一勺，凑在嘴边轻轻吹凉，纳入口中，米粥的黏度恰到好处，米香味绵远悠长。海参因为入砂锅的时间并不长，口感脆嫩，调皮地在唇齿间滑动着，半天才滑入喉咙。清新淡雅的米香与带着微微辛辣的姜丝很好地去除了海参的腥味，留下的只有鲜香。

南京人素来爱吃鸭子，也由衷地爱着与鸭子有关的一切美食。最让我惊喜的是，店家在这一锅砂锅粥上花足了心思，还在粥水里放入些许咸鸭蛋的蛋黄。金黄色的蛋油溶化在热乎乎的粥水中，为这清淡的粥品增添了风味。

在饮食这件事上，南京人讲究一个"慢"字，这款以文火经数小时熬煮而成的砂锅海参粥就是南京人"慢"饮食的极致体现。在我看来，倘若放慢脚步，细细品味，就能邂逅一顿美味，慢一点儿又何妨呢？

寻味南京

南京国际青年文化中心
苏莱斯餐厅

地址　建邺区金沙江西街9号南京国际青年文化中心7楼

电话　025-86809878

萝卜丝端子
老南京人都知道的油酥味

在饮食方面，南京人讲究顺应时节，应时应节的食材最合南京人的胃口。因此，每逢秋冬季，萝卜就成了南京人的一种家常时蔬，而"萝卜丝端子"也成了南京人餐桌上的一道美味。萝卜丝端子又称"油端子"，是以萝卜丝、小麦面粉、鸡蛋液为主料烹饪加工而成的一道风味小吃，经油炸之后，呈淡淡的金黄色，香酥鲜脆，老少咸宜。

据说，这道小吃的流行与明太祖朱元璋有关。朱元璋出身贫寒，虽然明皇宫御膳房中的珍馐美味让人目不暇接，但他却更喜欢金陵城街头的传统风味，时不时溜出宫来，过一番嘴瘾。一日，他微服出行，与侍从在城中逛完庙会，又去城郊欣赏秋景。不知不觉已至傍晚时分，天公不作美，突然下起了一阵急雨。众人忙去田间的一间茅草铺躲雨。刚到门口，就闻到一股浓烈的油酥味。进入屋里，只见里面一位年过六旬的老汉正支着一口油锅，炸着什么美味。不一会儿，食物就炸好出锅了。老汉分给众人品尝，这食物吃起来外酥里嫩，脆嫩爽口，众人纷纷称赞。吃罢，向老汉询问，才知这道香酥诱人的美味是用田间地头寻常的白萝卜和面粉煎炸而成的。久而久之，这种充满乡土气息的萝卜丝端子就在南京民间流传开了。

秋冬时节，正是地里的大白萝卜丰收的好日子。记得小时候，每到九、十月份，街头巷尾就会出现许多推着小推车的小贩。小推车上的篮子里盛着许多大白萝卜，还带着泥土的清香。小推车另一侧摆着一口炉子，上面放着一口油锅，里面一个个闹得正欢腾的就是南京人最爱吃的萝卜丝端子。

每次放学回家的路上，若是遇见推着小车卖萝卜丝端子的小贩，我和小伙伴们忍不住停下脚步，在一旁围观。萝卜丝端子得趁着热乎劲儿吃才有香酥爽脆的口感，因此都是现做现卖。街头小贩从篮子里挑一根白胖胖、水灵灵的白萝卜，洗净刨丝，以少许食盐腌制三五分钟，沥干多余的水分，撒入适量姜丝、葱花拌匀。另用清水、小麦面粉、鸡蛋液调制成黏稠状的糊糊，拿一个椭圆形模具，细细铺上一层面粉，放入萝卜丝，以面糊封面。将模具放入油锅中，不一会儿，方才软塌塌的萝卜丝慢慢坚挺起来，逐渐从白色变为金黄色。将香酥脆嫩的萝卜丝端子从模具中取出，就可以食用了。

"来一个尝尝。"小贩热情地招呼着周围围观的一众小学生。萝卜丝端子也不贵，三毛钱一个，我们一边往回走，一边慢慢吃。走到家，萝卜丝端子也吃完了，还不忘舔一舔嘴角香甜的油酥味，觉得满心欢喜。

时光流逝，我也慢慢长大，回想起来，已有许多年未曾在街头驻足，心满意足地吃一个萝卜丝端子了。前不久，与一众儿时好友在苏莱斯餐厅小聚，东坡肉、红袍毛血旺、葱爆羊肉、红烧狮子头……各色美味摆满了一桌子。我随意地翻了翻菜单，菜单一角的一个菜名吸引了我的注意力——萝卜丝端子。就像看见阔别多年的老友，我忙点了来尝尝。不一会儿，这道传统小吃就被端上了桌。一个大大的白瓷盘里，工工整整地摆放着七八个萝卜丝端子。这些萝卜丝端子中间是淡淡的金黄色，边缘有些焦黄，油亮亮的，勾人食欲。我夹起一块，咬一大口。最边缘一层微微焦黄的部分又酥又脆，往里面吃，口感逐渐由硬转软，嚼在嘴里，酥润爽口。萝卜的清香混杂着鸡蛋的香味，让这萝卜丝端子的香味更浓郁、更诱人了。

我一边吃着萝卜丝端子，一边与儿时老友闲聊。那油而不腻、酥香的滋味在口腔中慢慢弥漫，这种熟悉的味道一下子将我的记忆拉到了早已远逝的时光。

雨花台区
众味和谐的人间至鲜 >>>>

绿意葱茏,生机盎然,来到这里,脚步在不知不觉间也慢了下来,听雨点滴答,看花开花落。这里既有金陵古城的官府大菜,也有市井之间的街头小吃,无论哪一种美味,都足以慰藉一颗风尘仆仆的心。

金陵烤鸭馆（韩府雅苑店）

地址　雨花台区铁心桥街道韩府山庄三期09幢13号门面房

电话　13584083352

金陵烤鸭
京师美馔的前世今生

  金陵烤鸭是古都南京的一道传统菜肴。老南京人吃烤鸭，尤其讲究皮酥而肉嫩，嫩而不烂，肥而不腻。因此，金陵烤鸭不仅皮脆肉嫩，而且没有其他地区烤鸭那种肥腻之味。新鲜出炉的金陵烤鸭外皮呈金红色，光亮油润，酥香脆嫩，食之唇齿留香，堪称色、香、味俱佳，无怪乎成为"鸭都"南京的一道鸭馔名菜。

  走在南京街头，拐入小巷深处，总能看见几家鸭子铺现烤现卖滴着油的烤鸭。烤炉用白铁皮制成，炉内闷着木炭，炉壁上则挂着一圈肥美鲜嫩的湖鸭。金陵烤鸭比起风靡全国的北京烤鸭，虽然在美食圈内的影响力略逊一筹，但南北的两种烤鸭还颇有渊源。明太祖朱元璋虽祖籍安徽，但久居金陵城，很中意食材新鲜、口味清淡的金陵菜。御膳房的厨师为了取悦明太祖，在秋日鸭肉最为肥美的时候将其烘烤，并称之为烤鸭。朱元璋食后，觉得烤鸭很对自己的胃口，金陵烤鸭也由此成为明宫廷中一道常见的时令佳肴。朱元璋去世后，他的孙子朱允炆继位，这就是建文帝。建文帝生性善良，但眼见着许多叔伯手中都握着重兵，于是他就开始以"怀柔之策"削藩，以巩固地位，却收效甚微。朱元璋的四子燕王朱棣骁勇善战，桀骜不驯，是出了名的野心家。他借着"清君侧"的名义发动了"靖康之役"，夺走了建文帝的帝位，并将都城迁至京师。就这样，在金陵古都风靡一时的烤鸭的烹饪技艺也随着明都城的迁移传入北京。

明朝万历年间，太监刘若愚在《明宫史·饮食好尚》中写道："本地则烤鹅、鸭、鸡……"久而久之，烤鸭成了一道具有浓厚北京风味的名肴，正如人们所说的，"京师美馔，莫过于鸭，而炙者成佳"。在20世纪30年代，北京著名的老字号烤鸭店"便宜坊"还挂着"金陵烤鸭"的牌子，后来随着菜肴的不断发展和完善，他家的烤鸭才成为纯正的京师风味。

金陵烤鸭的烹饪方法与北京烤鸭有所不同，北京烤鸭是叉烧，而金陵烤鸭则要将湖鸭悬挂在特制的烤炉外壁上，用炭火烘烤。因此，金陵烤鸭又常被老南京人称为"挂炉烤鸭"。金陵烤鸭的吃法与北京烤鸭也有所不同。在北京吃烤鸭，一般是将烤鸭肉卷在饼里，蘸着酱吃，而金陵烤鸭还另配有汤汁，香酥鲜嫩的烤鸭肉蘸上些许汤汁，直接就着白米饭就吃下肚去了。搭配金陵烤鸭的汤汁也很考究。南京人嗜好小糖醋，口感上讲究甜中透酸，咸鲜适度，小小一碟汤汁里往往搭配了瓜仁、松子、芝麻及各色作料，香味浓郁。我幼年时吃烤鸭，就爱极了这种汤汁，往往鸭子吃完了，还能用浓郁的汤汁拌上一大碗白米饭，吃得满嘴留香。

在南京，鸭子总是卖得比鸡快，这家典型金陵风味的烤鸭馆每日出售200多只烤鸭，售罄就要等第二天了。那日我与朋友前来尝鲜，正巧赶上了最后一份金陵烤鸭。这家店对原材料精挑细选，用的都是田间觅食的鸭子，肥少瘦多，口感也更好。一盘烤鸭斩好后端上桌，因为烘烤的火候把握得恰到好处，皮色呈油润的红褐色。夹起一片，在嘴中细细咀嚼，薄薄的、软软的、粉白色的肉瘦而不柴，中间只有一层薄薄的脂肪，吃起来鲜美而不油腻。其

实，烤鸭烤得越通透，剩下的肥油就越少，鸭子也越香酥可口，自然也更美味。我想，这也是这家金陵烤鸭店烹饪烤鸭的一个秘诀吧。

老南京人称买烤鸭为"斩烤鸭"，而"斩"也是大有讲究的，可以斩半只，也可以斩1/4只。1/4只鸭子的前半身称为"脯子"，又名"前脯"；1/4只鸭子的后半身称为"座子"，又名"后座"。而这家店的老板比较大方，买烤鸭还会搭脖子送头，买一只烤鸭，就等于买上了完完整整的一只鸭。

我一边品味着老金陵风味的烤鸭，一边想，当年曹雪芹在北京西山给外人借读《红楼梦》的条件就是用金陵烤鸭和黄酒来交换。可见，金陵于曹雪芹而言，就是他在诗中屡屡念及的"秦淮风月忆繁华"吧。

> **春江新城蒸饭**
> 地址　雨花台区春江路铁心桥（近三江学院）
> 电话　无

糯米包油条
咸甜两宜的风味早点

糯米包油条又称粢饭或蒸饭，是南京古城一道风味独特的江南小点，也是最普及的一种民间早点之一。这种风味独特的美食不仅广泛流传于江南地区，为江南人所追捧，在香港街头也时常可见。它通常用透明的保鲜纸包着，作为小吃出售。一口咬下去，既有软糯香甜的糯米饭，又有香酥爽脆的新鲜油条，甜中透咸，咸中透鲜，很是美味。

对许多老南京人而言，最醇正的家乡风味早餐就是一个糯米包油条，配上一杯香浓热乎的豆浆。睡眼惺忪的人们匆匆下楼，路过楼下的小摊位。小贩动作麻利，将蒸熟的糯米平铺在案板上，均匀地撒上一层炒得香喷喷的黑芝麻，或是在糯米饭内外各粘上一层炒熟的黄豆粉，最后在糯米饭上放上一截刚从油锅里捞出的油条，用糯米饭将油条包住，一个软乎乎的糯米包油条就做好了。糯米包油条一般可分为甜、咸两种口味，在软软糯糯的糯米之中，可以包入香脆的油条，也可以根据嗜甜或嗜咸的口味，加入白砂糖或榨菜、肉松。大人买两个，小孩买一个，一边走，一边吃。用罢早餐，刚好走到不远处的公交站台。回味着清新的糯米香和油条的脆嫩香酥，美好的一天开始了。

　　这清润爽口的小点背后还流传着一个故事。相传,春秋战国时期,天下兵荒马乱。伍子胥为了让吴国百姓在战乱中免受饥荒之苦,将糯米蒸熟并紧紧压制成砖石形状,埋在金陵城下作为城墙的基石,以作为饥荒时期救济灾民的粮食。伍子胥去世后不久,越王勾践起兵讨伐吴国,吴国百姓接连数日被困城内。于是,他们将城基下埋着的糯米砖石挖出来,用锤子敲碎,重新放入清水中以旺火蒸煮。糯米经蒸煮后,又恢复了原本的软糯口感。将糯米在案板上均匀铺开,放上些许乡间田野的野菜,再撒上一点儿细盐,一顿美味就做好了。人们分而食之,顺利度过了那段被围困的艰难岁月。后来,每逢年底丰收时节,吴国人就会用糯米烹制这种小卷,以祭奠伍子胥。

　　不久前,一位大学同学来南京出差,她对糯米包油条这道南京人最爱的早点垂涎已久。周末,我驱车带着她在城里转悠,来到春江路附近时,她眼尖,发现了这家主营糯米包油条的小店面。当时已是傍晚时分,步入店中,老板告诉我们当日的糯米包油条已卖光。当他得知我同学远道而来时,便又热情地招呼我们说,可以马上为我们现做几个来尝鲜。老板从冰箱里拿出一个大碗,里面的糯米浸泡在清水里,颗颗分明。接着,他给蒸笼铺上一层洁白的纱布,倒入糯米,上炉以旺火蒸15分钟。这边蒸着糯米,老板在另一边用平锅炒起了芝麻,翻炒了一会儿,一颗颗小芝麻开始在锅中跳跃。关掉火,继续翻炒片刻,浓郁的芝麻香弥漫于整间店铺。芝麻炒香了,糯米也蒸熟了。老板拿出一块湿润的纱布,舀一勺蒸熟的糯米饭,蘸点水在勺背上,力道均匀地将糯米饭在纱布上摊开,接着撒上一层芝麻,再撒上一层黄豆粉和少许白砂糖,放入香喷喷的油条,然后小心地将软糯的糯米饭卷起,两头往里一扣,旋紧。最后,老板又在糯米卷的外层均匀地撒上一层黄豆粉和零星的芝麻粒,才将热乎乎的糯米包油条递给我们。

　　同学捧着期待已久的美食,两眼放光,咬了

一大口,嘴里鼓鼓囊囊地嚼着,连连对着老板竖大拇指。糯米的清香扑面而来,我也低头咬了一口,舌尖先是触及最外层的黄豆粉和黑芝麻,清香中泛着微甜。糯米软糯可口,细细品味,还有绵长的韧性。舌尖最后才触及最里面的油条,它香酥脆嫩,带着一股油香味,却油而不腻,酥而不烂。咀嚼几下,软糯的糯米与香酥的油条混合在一起,别有一番风味。

　　昼夜更迭,四季轮转,唯有这清香油润的糯米包油条打败了时间,陪着一代又一代南京人走过了岁月沧桑。在夕阳的余晖中,爷爷奶奶们坐在院子前的躺椅上,一边摇着蒲扇,一边跟小朋友们讲述关于糯米包油条的故事。许多外乡人来到金陵古城,只为尝一下这道小点甜咸之中蕴含的芳香。

江宴楼（郁金香路四店）

地址　雨花台区郁金香路19号3栋
电话　025-58992777

金陵狮子头
肥而不腻的那口松软

　　江南许多地方都不乏狮子头这道菜肴，它清炖、红烧两相宜，口感松软鲜嫩，肥而不腻，也是老南京人逢年过节最爱享用的一道家常菜。狮子头又被称为大斩肉、四喜丸子或大肉丸子，关于它的来历，要追溯到南北朝《食经》上记载的"跳丸炙"。

　　据史书记载，当年隋炀帝杨广携众嫔妃，乘着龙船沿着大运河一路南下。正如《资治通鉴》中所描述的，"所过州县，五百里内皆令献食。一州至百舆，极水陆珍奇"。杨广游历一番后，扬州的万松山、金钱墩、象牙林、葵花岗四处名景让他流连忘返。返回行宫，他吩咐御膳房，以上述四处风景为题，烹饪四道佳肴。经扬州名厨指点，御厨煞费苦心，终于烹制出了松鼠鳜鱼、金钱虾饼、象牙鸡条、葵花斩肉四道菜肴。杨广尝过后，龙颜大悦，尤其是那道名为"葵花斩肉"的大肉丸子，软而不烂，油而不腻，鲜香爽口，最合他胃口。于是，杨广当即赐宴群臣。

　　到了唐朝鼎盛时期，达官显贵对日常膳食更为考究。一次，郇国公在府中设宴，名厨韦巨元就烹饪了这道葵花斩肉。等菜肴端上桌来时，只见汤盅之中,偌大鲜嫩的肉团子被打造成了葵花形状,精巧绝伦,恰如"雄狮之首"。宾客们一边劝酒,一边说道:"郧国公半生戎马,战功赫赫,理应佩带雄狮帅印。"郧国公听了心情大好,举杯一饮而尽,趁机说:"倒不妨将这道'葵花斩肉'更名为'狮子头',更为妥帖。"至此,这道清蒸、红烧两相宜的狮子头就成了江南地区的一道名肴,逢年过节、设宴待客都少不了它的身影。而在南京,最常吃到的是"清炖狮子头"和"红烧狮子头"。

正宗的狮子头以文火慢慢煨煮数小时而成,肉丸子油亮滑润,肥瘦相间,色泽鲜亮,香气扑鼻,光是看上一眼就能勾人食欲。味浓香醇的肉块吮饱了清淡的汤汁,成了让人难以抵御的美味。但这道传统菜肴烹饪起来工序繁杂而费时,从头至尾要3个多小时,因此,在快节奏的水泥森林里,要以心思和时间成就的这道美味也尤其难得。而我在一个偶然的机会,在郁金香路的江宴楼品尝到了颇具南京当地特色的金陵狮子头,细细品咂,又是另一番风味。

金陵狮子头是江宴楼的一道招牌菜。据说,烹饪这道菜肴,要将五花肉(四分肥肉,六分瘦肉)去皮儿,切成石榴粒大小,剁成肉馅儿,调入葱花、姜末、料酒,撒些许胡椒粉、细盐,沿着顺时针方向搅拌,直到搅成黏稠的糊状,再放入鲜嫩的蟹肉,搅拌均匀。要将狮子头鲜嫩的口感发挥到极致,还有一个小窍门不容忽略,就是将荸荠切成小方丁状,掺入肉馅儿之中,再将肉馅儿团成一个个儿童拳头大小的肉丸子。取砂锅,放入水、姜片、葱段、料酒,然后烧开,肉丸子下锅,顶端放少许蟹黄,以文火煨煮3小时左右。最后撇去浮油,撒些许盐。

个头儿适中的肉丸子晶莹剔透,油光水亮,看着就喜气十足。举起筷子,夹一

个放在碟子里,咬上一口,肥肉和瘦肉比例恰到好处,多一分则油腻,少一分则寡淡。肉的质感细腻鲜嫩,又富有层次,醇厚鲜香的汤底更是让人胃口大开。

旧时,狮子头是达官显贵的心头好,如今它也飞入了寻常百姓家。肥瘦相间的肉丸子、清新爽脆的荸荠、浓郁醇厚的蟹粉、鲜香清新的汤汁,无不让南来北往的食客深深感受到清新雅致的金陵菜平中见奇的深厚功底。

雍福苑（玉兰路店）

地址　雨花台区玉兰路8号
　　　（花神湖旁）
电话　025-58581777

砂锅鱼头
汤水里的雅致韵味

各类在砂锅内经文火煨煮而成的美味都是南京人的心头好，尤其是在冷飕飕的冬日里，三五好友围着一口小小的砂锅，喝上几口暖融融的汤，是何等的快活。在南京名目繁多的砂锅类美食中，砂锅鱼头最受往来饕客的追捧。这道口味传统、文火慢煮而成的传统金陵菜采用的是砂锅工艺，成菜后，口味咸中透着鲜味，清香淡雅，肉质鲜嫩，肥而不腻，汤浓而味鲜。舀一勺汤汁，乳白如琼浆玉露，清纯如冬日之初雪，在舌尖细细品味，香味越发浓烈。

传说，清朝年间，乾隆皇帝下江南，途经秦淮河畔，怎料天公不作美，突然下起了一阵大雷雨。众人无可奈何，只好沿岸停靠，去路旁一家小饭馆里避雨。当时饥寒交迫的众人颇有些狼狈。店主王小二见状，忙将店里仅剩的一只胖头鱼鱼头与嫩豆腐一起下锅，同清水熬煮，端给乾隆皇帝一行人充饥。饥肠辘辘的他们喝着鲜美的汤汁，吃着细腻的鱼肉，胃口大开，无不夸赞这慢火煨煮而成的鱼头汤口味鲜香独特。乾隆皇帝返回宫中后，仍对这偶然间邂逅的山野美味念念不忘，不久后旧地重游，再次品尝了这道菜肴，并题"皇饭儿"三字赠给店铺主人王小二。于是,大家这才知道乾隆皇帝对这家小饭馆里的鱼头情有独钟,之后好事者四处奔走相告。一时间,南京城内刮起了吃砂锅鱼头的风潮,达官贵人争相光临这家店,王小二的生意很兴隆。从此,王小二一心一意做起了砂锅鱼头的生意。

南京人的年夜饭有讲究,各色菜肴不仅要色、香、味俱全,更要讨一个好彩头,正所谓"年年有余",鱼是少不了的。有的人家是熏鱼,有的人家是红烧鲢鱼,也有的人家干脆来一只胖墩墩、肉乎乎的胖头鱼,以文火煨煮鱼头,熬出一锅鲜香四溢的砂锅鱼头。

我素来钟情于砂锅鱼头香醇的汤水和细腻的鱼肉,无奈虽然是个十足的吃货,手上功夫却欠些火候,每每烹饪这道砂锅鱼头,总是差了些醇香的味道。友人说雍福苑的砂锅鱼头原汁原味,鲜美爽口,我便拉上她过来一探究竟。

在店中落座,正是春草茂盛的时节,见收银台附近的小黑板上写着推荐菜品,其中就有"南京三草"。于是,我们点了一锅砂锅鱼头、一碟南京三草、一盅木瓜炖雪蛤,汤汤水水,清清爽爽,却是对肠胃的莫大慰藉。

尝了几口南京三草,鲜嫩爽口;喝了几汤匙木瓜炖雪蛤,清甜之中透着

醇香，火候很足。之后，砂锅鱼头才姗姗而来。大大的一口褐色砂锅里，胖乎乎的鱼头泛着银灰色，半浮在乳白色的汤水之中，上面点缀着些许碧绿的香菜。友人夹起一筷子鱼肉，送入口中，细细咀嚼，大呼"正宗"。

友人不仅是吃鱼的行家，更是做鱼的行家，烹制起这砂锅鱼头来，也很有一套。她一边招呼我快喝汤，一边将砂锅鱼头的做法娓娓道来：这砂锅鱼头看上去清汤寡水，实则入味三分，若想烹饪得恰到好处，非三五个小时而不能成。要先将鱼头洗净，以酱油腌渍入味。菜油入油锅，烧至七八成熟，将鱼头入锅煎炸。两面煎至金黄色，入料酒调味。捞出煎好的鱼头，放入砂锅，以清水熬煮，佐以白砂糖、细盐、酱油、葱花、姜丝、红椒丝。先用大火煮沸，继而转为文火，熬煮两三个小时。临起锅前，将嫩豆腐切成块状，以清水煮沸，捞入砂锅中以浓郁鱼汤氽熟。砂锅端上桌前，撒上些葱、香菜，淋上几滴麻油——清新的鱼汤遇见浓烈的调料，会碰撞出一股特殊的香味。

我听得入了迷，等她说罢，方才舀起一勺汤，送入口中。温热的汤汁恰到好处，鲜香清爽，带着香菜的清香味。再夹一筷子位于鱼头最鲜嫩处的鱼肉，鱼肉触及舌尖，软软嫩嫩，带着鱼肉微微的腥味，却很是好吃。

煨、焖、煮、蒸是南京人最热衷的烹饪技巧。在饮食上，南京人又历来讲究慢工出细活，足够的耐心、恰当的火候、和谐的食材便造就了这一锅清新之中透着醇香的砂锅鱼头。

栖霞区
传承千年的古城风味 >>>>>

这里,是彩霞在金陵的栖息之地。一味一菜,一蔬一荤,于平中见奇,于淡中见厚。细细品味栖霞区的美味,每一道看似平常的菜品背后,都有着说不尽、道不完的岁月故事。

南京食朝汇（仙林店）

地址　栖霞区学海路1号仙林金鹰奥莱城D馆2楼（近南京财经大学）

电话　4008854747

南京三草
缥缈烟雨中的山野珍馐

　　知名作家小宽在《汁吃诗》中写道："时不时有人问我，我吃过的最好吃的饭菜是什么，而我真的没有办法作答，唯有顾左右而言其他。其实，最好吃的饭菜根本无关乎馆子，也无关乎饭菜，而是人。"小宽的这段话暗指的是，很多时候，我们吃的并不是简简单单一顿饭菜，而是在回味一种情怀。老南京人想必对这一点深有体会。自古以来，南京人每逢明媚春日里就有"吃草"的传统，这就是南京人对于春天的一种情怀。

　　时常听人说，南京人是十足的"好色之徒"，光是看看南京人的餐桌就知道了。正宗的金陵菜都是色味双绝，荤素映衬。我细细一想，还真是如此：春天里，南京人最爱烹饪一桌野菜，碧绿青翠，煞是好看；夏天里，南京人爱烹饪一桌香辣爽口的龙虾，红润油亮，勾人食欲；秋天里，南京人爱蒸一笼固城湖的大闸蟹，蟹肉白嫩，蟹膏金黄；冬天里，南京人爱来上一盘子肥瘦相间的咸肉，油润爽口的口感慰藉了寒冷冬日里的胃。正如淮扬菜大师居长龙所言："什么季节出什么食材，春天里的菜味道最是鲜明。正所谓一菜一味，因此，吃原味最重要，也最美味。"

儿时的餐桌上,在南京古城烟雨缥缈的三月天里,我最爱的就是那一碟清新脆嫩的"南京三草"。鲜绿翠爽,夹一筷子,仿佛将整个烟雨江南的春天都含在了嘴里,化在了心间。南京人很会享受生活,在饮食上尤其讲究格调和情趣。这一点,从南京三草这道时蔬炒就的菜肴上可见一斑。在南京,流传着一句谚语:"南京人不识宝,一口白米一口草。"看似是南京人的自嘲,其实透露了生活在这座古城里的人们的一份从容。这里的"草"指的就是南京人春日里最爱吃的"南京三草"——马兰头、木杞头、菊花脑。这几种草在山间田野或是田埂上就能自如生长,也并非南京独有的特产,而是随处可见,正应了古人说的那句"天涯何处无芳草"。然而,这些在外地人眼中可有可无的野草,在南京人眼中却是日常生活中必不可少的山野珍馐。居家过日子,自然是怎么惬意怎么来,唯有南京人心怀着这份兴致与闲情来吃野草。而且,南京人可不是偶尔吃一吃,而是对山野之间的时蔬乐此不疲,将野草融入生活,使之成为生活的一部分。久而久之,南京三草在南京就如同萝卜、豆芽、白菜一样,成为时常见诸桌端的一道家常时蔬小炒了。

又是一年春日,与友人相约在仙林附近,自然而然地步入了食朝汇。当天是一个寻常的工作日,当时不到11点,店内尚无太多客人。步入店内,就见收银台旁摆着一个篮子,里面是各种尚且来不及洗去泥土、犹自带着田野间清香的野菜。我定睛一看,南京三草的三味野草一个都不少,于是心中暗喜,看来有口福了。

我与友人坐定,她点了几道店内的特色菜肴,我补充道:"来一碟南京三草。"服务员有些讶异,旋即与我会心一笑,说道:"二位真是会吃,今天早晨刚买回来的野菜,有口福了。"

我和友人一边抿着清茶,一边闲聊。不一会儿,一盘南京三草就端上来了,脆生生、碧绿绿的野草与晶莹洁白的瓷盘相互映衬,趣味

盎然。我举起筷子,夹起几根野草。三味野菜都掐头去尾,只保留了中间最鲜嫩的那一段。嚼在嘴中,早已分不清谁是谁,却都清润爽口,一股山野之间的清香弥漫开来。接着,友人点的丁香排骨、盐水鸭、蟹粉狮子头也陆续端上桌来,荤香萦绕,引人垂涎。我一一尝过,但觉得最美味、最天然的还是这道南京三草。

南京人吃野菜的历史很悠久。旧时,人们完全没有所谓"绿色食品"的概念,但老南京人知道野菜别有一番难以言表的风味,是其他经人工种植的田园蔬菜所无法比拟的。无论是芦蒿,还是菊花脑,都让南京人吃得不亦乐乎。据说,南京人漂泊海外,还经常会带上一把野菜的种子,撒播在美国的院子里,或是新加坡公寓的花盆中。从南京人对野草的这份情有独钟也能窥探出南京人在饮食上的雅兴,或许,这也正是风流名士的余韵不绝吧。

七家湾牛肉锅贴

地址　栖霞区和燕路311号
　　　（近老地方家常菜馆）
电话　13851750016

栖霞区 传承千年的古城风味

牛肉锅贴
咸中透甜的秦淮绝味

　　牛肉锅贴是南京的一道传统小吃，它是一种经煎和烙烹饪而成的美食，形状与饺子类似，但比饺子更加细长。制作牛肉锅贴时，将剁成肉糜的牛肉作为馅料，用面皮包成纤细的饺子形状，再放入七八成热的油锅中，以小火慢慢煎烙至金黄色，微微酥脆时，即可起锅装盘。作为金陵的"秦淮八绝"之一，牛肉锅贴口味咸中透着微微的甜味，吃起来上部柔软酥香，底部挨着油锅的那部分则酥脆爽口，里面的牛肉馅儿鲜美，让人食之难忘。

　　据说，这道酥脆爽口的牛肉锅贴最初也是"旧时王谢堂前燕"。北宋建隆三年（962年）正月初一，因为刚给皇太后办完丧事，宋太祖不接受百官朝贺新春，而是陷入哀思之中，日日茶饭不思。午后，他独自在后院中散步，忽然一股撩人食欲的香气悠悠然飘过来，让他顿感心旷神怡。于是，宋太祖寻着这香味走到了御膳房，只见御厨将剩下的饺子一一放入铁锅中，用油煎着吃。看到太祖走进来，御厨们一个个大气都不敢出。这时，太祖已连着几日没怎么用膳，这股香味早已让他口舌生津，于是让御厨拿几个来尝尝。这一尝不打紧，经油煎烙过的饺子入口焦脆香酥，很是美味，太祖一连吃了五六个,连声询问这美味的名字。见御厨一时答不上来,太祖看一眼用铁锅煎烙而成的饺子,随口说道:"那就叫锅贴好了。"正月十一,太祖在迎春苑举办宴会,宴请群臣,特地让御厨做了这道焦香爽脆的锅贴,来给大家尝尝鲜。御厨对锅贴从口味到外观都进行了改进,文武百官吃过后连连称赞。后来,这道以牛肉作为馅料的锅贴从宫中传入金陵民间,又经过金陵历代厨师的不断改进,久而久之,成了如今南京人的心头好。

说起金陵城的牛肉锅贴,老字号"蒋有记"的锅贴自然风味独特,但我最喜欢的还是七家湾的牛肉锅贴。七家湾最初从事的是牛羊肉的屠宰业,从太平南路一直延伸到秦淮河水西门一带,尤其是沿着七家湾和内秦淮之间的狭长地带,有许多家庭作坊式的屠宰加工厂。不知从何时起,七家湾改行卖起了牛肉锅贴,挂着"七家湾牛肉锅贴"的店铺在南京如雨后春笋一般冒了出来。穿梭于南京的大街小巷,放眼望去,卖牛肉锅贴的店铺,十有八九挂的是"七家湾"的招牌。如今,"七家湾"这三个字已经与酥脆鲜香的牛肉锅贴紧密地联系在了一起。

因为诸多原因,七家湾老店几经变迁,若要说哪一家的口味最正宗,恐怕无从考究。其实,对于吃货来说这并不重要,好吃才是关键。如今,在南京街头,"七家湾"牛肉锅贴店已有百余家,我和友人最近去的是和燕路上的这一家。

来到店中,刚好11点,还未到饭点,但店中几乎桌桌都有人,还有不少附近的居民过来买上三五两锅贴,打包带走。锅贴这一类用油煎炸而成的食品,要趁着热乎劲儿吃才好吃,这家店生意这么好,出来一锅马上卖掉一锅,客人基本不会吃到冷掉的锅贴。

他家的牛肉锅贴面皮薄厚适宜,厚一分则僵,薄一分则硬,唯有薄厚适度,才能有酥脆爽口的口感。上面软硬适度,底部酥脆焦香,肉馅儿里加入了些许葱花和姜丝,去除了腥膻之味,又突显了牛肉自然清新的本真之味。总体而言,咸甜适度,咸中透着微微的甜味,肉质软嫩而多汁,很好吃。

在我这个地地道道的吃货眼中,南京的牛肉锅贴完全是靠着最本真的味道取胜的。香酥爽脆的锅贴皮、浓郁清新的牛肉味儿、鲜美清淡的汁儿,即使三块钱一两,也还是有众多饕客愿意为其买单。

> **味庄（新港店）**
> 地址　栖霞区新港开发区兴智路美食街内（近栖霞大道）
> 电话　025-85577736

栖霞区　传承千年的古城风味

凉拌栀子花
清凉去火的盛夏冷盘

初夏时节，一场急雨过后，淡淡的栀子花香飘满园。随着初夏的到来，南京街头巷尾沿街随处可见的栀子花陆陆续续开放，再过一些时候，在南京街头就可以看到贩卖栀子花的小摊贩了。然而，很多人有所不知，洁白曼妙的栀子花不但有着沁人心脾的清香，还可以作为一味食材呢。

据说，在江南的许多地方都有吃栀子花的习俗，吃法也很多。最常见的吃法是，将新鲜的栀子花摘下来后，放入清水之中，撒上少许细盐，让栀子花在水中浸泡数日，其间早晚都要换一次水，以确保水质新鲜、干净。等栀子花白色的花瓣逐渐被浸泡成深色时，就可以捞出来烹饪了。当然，也有人直接将栀子花从枝头摘下，将还带着露水的新鲜花瓣直接入菜。

犹记得儿时，我和父母住在沿街的一个家属院里，庭院深处有一株有年头的栀子树。初夏，满园都是栀子花清新淡雅的香味，一阵风吹过，洁白的花瓣儿纷纷飘落。赶上周末，母亲得了空闲，就会一只手提着竹篮子，一只手牵着我，去院子里捡掉落的栀子花。片片花瓣，洁白如玉，泡在清水里，晶莹剔透。两三天后，母亲将变成淡褐色的栀子花瓣从水中捞出，沥干，放入沸水之中焯一下。接着，将绵软的栀子花多余的水分沥去，淋上些老醋、香油，撒上点姜丝、葱花，搅拌均匀，就可以开吃了。

除了凉拌栀子花，母亲还为我做过几次栀子花炒鸡蛋花、栀子花炒肉丝等初夏的时令小炒。做栀子花炒鸡蛋花时依旧要在沸水中焯一下栀子花，然后将栀子花切成碎末，将鸡蛋磕入碗中打匀，将碎末状的栀子花放入蛋液中，搅拌均匀。往锅中倒入适量的油，烧至六七成热，倒入混合着栀子花的蛋液，炒熟后撒入些许葱花、姜丝提味，一盘鲜嫩清爽的栀子花炒鸡蛋花就出锅了。夹上一筷子鸡蛋花，纳入口中，香酥鲜嫩的鸡蛋花里夹杂着些许清香脆嫩的栀子花，淡淡的花香弥漫开来，真是"花不醉人人自醉"。只因为这一道道栀子花成就的清新美味，曼妙的初夏仿佛也沾染上了栀子花清新的香味。

现在，每逢初夏，南京街头总少不了提着篮子，沿街售卖栀子花的小贩。但是，现在街头卖的栀子花多在城市路边生长，也许有重金属超标的问题，有碍于健康。一日，正是初夏时节，与儿时老友闲聊，我无限感慨，如今的金陵城，不知道还能不能再尝到儿时那般清新、自然的凉拌栀子花了。友人听后神秘一笑，第二日就驱车载我前往栖霞大道。下车后，拉着我在美

食街上左拐右拐，最后来到了一家颇具江南风韵的饭馆——味庄。

步入店中，红灯笼低垂着，灯光影影绰绰，又是一派江南水乡的旖旎风光。友人驾轻就熟，连菜单都没看，就开始点菜。当点到那道让我心驰神往的凉拌栀子花时，年轻的服务员竟然不知道我们点的是什么菜。邻桌一位老人笑着跟她解释了半天，她才知道原来是栀子花。

等着上菜的工夫，友人告诉我，味庄的凉拌栀子花是老板从农家的栀子花树上采摘的，食材天然，吃得放心，每年只有初夏栀子花开时才有。过了花期，就吃不到这道菜了。也正是这个原因，现在这道菜多为家庭自制。饭店里几乎没有经营这道菜的，就算有经营，也只有短短的三四天。很多年轻人甚至不知道这道时令菜。

凉拌栀子花是夏季里清凉祛热的冷盘，吃的就是原汁原味，烹饪起来也不费功夫。不一会儿，一盘清清爽爽的凉拌栀子花就端到了我们面前。浅褐色的栀子花在浅盘中舒展开来，还有丝丝缕缕乳白色的玉兰片与栀子花混杂在一起，上面点缀着零星葱花及丝丝缕缕的姜丝，几种色彩互相映衬，煞是好看！

我迫不及待地夹起一筷子吃了起来。栀子花绵软而不失清香，玉兰片清脆爽口，让我惊喜的是，调味汁里还撒入了些许胡椒粉。一股辛香若隐若现地浮动在唇齿之间，初夏里昏昏欲睡的味蕾一下子就苏醒了过来。

在我看来，人与美食之间也存在着缘分之说。有时候，一口儿时的美味在你的心头羁绊多年，而一场偶然间的邂逅则能唤醒你味蕾所有的记忆。这时候，味蕾的享受倒在其次，那份远逝的情怀才真正让人动容不已。

南京食朝汇（仙林店）

地址　栖霞区学海路1号仙林金鹰奥莱城D馆2楼（近南京财经大学）

电话　4008854747

拆烩鸭舌掌
最动人的清与醇

拆烩鸭舌掌是一道金陵名肴，也是南京食朝汇的一道特色菜，其味道鲜美，口感爽滑，吸引着南来北往的饕客前来尝鲜，是一道不可多得的上乘佳肴。这道菜的食材主要是鸭舌和鸭掌，选材时必须选用形状完整的鸭舌和鸭掌，而且要保证食材的新鲜，表皮和皮肉下的筋骨都不能断裂，无淤血，否则将有损口感。

说起来，南京的许多上等菜肴都与名人政要有着丝丝缕缕的关联，这道拆烩鸭舌掌也不例外。据说，民国年间，出生名门望族的谭延闿先生不仅是政界内有名的"不倒翁"，而且还是当时南京众多风云人物之中出了名的美食家。繁忙的政务之余，谭先生的一大爱好就是品尝八方美食，还常常花重金聘请名厨在家中为他烹制各色美食。谭府烹制的菜肴因色、香、味俱全而颇负盛名，他家的菜也因此被称为"第一家宴"。岁末的一个冬日，谭先生在家中摆下十几桌宴席，以款待南京的各界名流，光是桂花咸水鸭就烹制了十余只，用的全是肥瘦得宜、鲜嫩爽口的湖鸭。

宾客散尽后，谭先生虽酒足饭饱，却动了吃夜宵的心思。但家中的新鲜食材都用光了，唯独剩下十余双鸭掌和十余只鸭舌。于是，家厨就将这两种食材放在一起，烩制成了一道"拆烩鸭舌掌"。谭先生一尝，这道菜爽滑软嫩，比夜间的宴席还要美味几分。由此，这道拆烩鸭舌掌就成了"谭家菜"中最出众的一道，时常被用来招待贵宾，久而久之便传入民间，成为深受南京人喜爱的一道菜肴。

如今，在南京食朝汇还能吃到这道名噪一时的金陵名肴，但因为这道菜肴的烹饪工艺极其复杂而精细，可谓费时又费工，因此，食朝汇每日只限量供应十份。一旦去晚了，就会与这道美食失之交臂。

前不久，为了尝到这道美食，我与友人特意挑了一个清闲的工作日上午，来到食朝汇。到达店中不过上午10点，里面只三三两两坐着几位客人。我们的运气很好，吃到了每日限量供应的拆烩鸭舌掌。堂倌介绍说，这道菜工序烦琐，光是烹制就要花四五个小时。所谓"拆烩鸭舌掌"，第一步当然是手工拆鸭舌与鸭掌这两种食材。将鸭舌的白膜撕去，筋骨剔除。将鸭掌表层的粗皮去除干净，然后从脚趾尖开始，一次性将筋骨剥除，保持整个鸭掌形状的完整。整个过程要小心翼翼，否则很容易折断纤细的筋骨。

接着，先以清水浸泡鸭舌和鸭掌，将血水泡干净，然后在锅中煮开。清水滚后，关火，以锅内的余温焖煮几分钟，如此反复数次，将鸭舌与鸭掌从锅中捞出。为了保持鸭舌与鸭掌鲜嫩爽脆的口感，以冰镇过的冷水反复冲洗，接着放入冰箱冷藏层，冰镇起来，以备第二天使用。

翌日烹饪菜肴时，先在锅中放入少许猪油，烧至五六成热，倒入鲜香浓郁的高汤，淋上些许黄酒，撒入零星细盐，依次将鸭舌、鸭掌、西蓝花、木耳入锅，以旺火烧沸，撇去浮沫儿。勾少许芡，淋几滴麻油，盛入深盘之中。乳白鲜嫩的鸭舌与鸭掌、翠绿欲滴的西蓝花、黑色的木耳，三味三色，相互交织，小小的一盘菜肴却荤素得宜，撩人食欲。

正所谓"百闻不如一见"，食朝汇的拆烩鸭舌掌在南京美食界一直颇有

名气,如今就摆在眼前,我当即拿起筷子,夹起一条鸭舌,送入口中。剔除筋骨的鸭舌软绵爽滑,与舌尖缠绵在一起,带给味蕾无上的享受。软嫩鲜香的鸭掌吸饱了汤汁,没有丝毫鸭子的膻味,反而飘散着一股若有还无的清香。淋上的几滴麻油堪称画龙点睛,将这道菜肴的清新与醇香演绎到了极致。

自古以来,南京人就承受着历史的厚重,因此,在快节奏的当下,南京人更愿意放慢脚步,以耐心来烹饪一道佳肴。正如这道拆烩鸭舌掌,少了时间,缺了耐心,都不会得到这份软嫩清新、爽滑至极的舌尖享受。

胖阿姨炸串串

地址　栖霞区仙鹤茗苑步行街52-76号

电话　13851623172

炸年糕

步步高升好彩头

栖霞区　传承千年的古城风味

　　在南京人看来，一日三餐固然重要，但闲暇时光用来解馋的小吃食似乎更容易挑逗起人们肚子里的馋虫。除夕那日，吃罢大鱼大肉的年夜饭，大年初一，老南京人更喜欢来上一些香酥爽口的小吃食，换换口味，清清肠胃，这时，一份香酥酥、脆嫩嫩的炸年糕就成了绝佳的选择。经油炸过的年糕呈现出淡淡的金黄色，表层起着一层小泡，里面浸满了清润的糖汁，寓意着在新的一年里"步步高升"。

　　据说，早在明清年间，老南京就有了正月里吃年糕的风俗。年前，每家每户都会囤上一些年糕。民国年间的一个春节，眼看着就要过完正月十五的元宵节了，文庙附近一户人家囤的年糕却还剩了不少。于是，家中阿婆一大清早在家门口支起一口油锅，烧开一锅热油，将年糕一块块投入油锅中，炸至金黄色。起锅后，蘸上一些白砂糖，香酥油润，与平素里所吃的软软糯糯的年糕风味大有不同。来来往往的路人也被这喷香的炸年糕吸引住了，纷纷驻足，买上一两块尝鲜。久而久之，以热油煎炸年糕就成了南京的一种美食。

还记得我上小学时,放学回家的路上经常会遇见一些小贩推着一个小推车,上面支着一口炉子,炉子上摆着一口小小的油锅。小贩一边走,一边沿街叫卖:"炸年糕啰,油汪汪的炸年糕!"每当这时,我和小伙伴总喜欢停下脚步,两三个人合着买上一份炸年糕,慰藉一下"五脏庙"里蠢蠢欲动的馋虫。

街头炸年糕所用的年糕多是小贩手工烹制而成的。头一天晚上,小贩先将黄米洗净,以清水浸泡四五个小时,沥干水后,细细碾成面,过一遍细箩。黄米面中掺入些凉水,和成面团。面团的发酵尤为重要,刚发起时就要上笼蒸,约一小时后取出,晾凉,揉匀后揪出一个个小面团,搓揉成一个个小圆饼。第二天出摊时,小贩麻利地将一早备好的两块圆饼叠在一起,稍微用力摁一下,使它们更加黏实,变成年糕坨。接下来小贩在年糕坨表面均匀地刷上一层花生油,将油锅中的花生油以旺火烧至七八成热,依次将年糕坨放入锅内。一块块年糕坨在滚油里不断翻滚,慢慢膨胀起来,等表层呈金黄色时便可捞出,撒上一层绵密的白糖,就可以吃了。

一份炸年糕通常有七八块,与一两个小伙伴分食,一人吃上两三块,既过了嘴瘾,又没有填饱肚子,不至于回到家中因吃不下饭而挨骂。回到家中,嘴里还洋溢着那股炸年糕香酥甜蜜的味道,心中也仿佛藏了一个香甜的小秘密。

一个周末,与友人在仙鹤茗苑步行街闲逛,不知不觉就到了下午四五点钟,我们都有点饿了。我们在步行街一间挨着一间逛过去,在一家叫"胖阿姨炸串串"的店铺前,竟然发现了小时候最爱吃的炸年糕,立即与朋友一人

点了一份。长方形的油锅里,正煎炸着十几块长方形的年糕,"噼里啪啦"之声不绝于耳。不一会儿,刚才还是乳白色的年糕就泛起了淡淡的金黄色。老板娘用一根竹签插起一块年糕,询问我们:"吃甜口的,还是咸口

的?"我要了甜口的,友人要了咸口的。甜口的就是最原汁原味的炸年糕,表层撒了一层细细的白砂糖,年糕的余温会将白糖融化掉。咬一口,外酥里嫩,有的白砂糖尚未完全化开,咀嚼起来"沙沙"作响。咸口的炸年糕则是涂上一层红润润、油亮亮的红油辣酱,虽说是辣酱,却只有淡淡的辣味,鲜香爽口,让炸年糕更加入味。

年糕最本色的味道清新而香醇,正是这种纯正的本味给了年糕更多发挥与演绎的空间。经热油烹炸之后,一块块小小的年糕重新获得了生命力,既为南京街头的各色小吃添上了一抹金黄俏丽的色彩,也为无数南京人的闲暇生活增添了几分乐趣。

梅花糕

地址 栖霞区学海路2楼（近大脸炸鸡）

电话 13914724659

梅花糕
入口回味无穷

相传，梅花糕早在明朝年间就有了，清朝时发展成了江南地区最具特色的传统糕点类小吃。如今，穿梭于南京的大街小巷，经常能看到一个个小店面门口，当街摆着一口梅花状的大铁烙锅，一口锅中软乎乎、甜润润的梅花糕足足有二十来个。你要几个，老板就从烙锅里挖出来几个。将热腾腾的梅花糕捧在手上，边走边吃，也更加能感受到梅花糕作为街头小吃的浓郁风味。

相传，当年乾隆皇帝下江南，一日在闹市中闲逛，偶然间看到一种糕点，状如梅花，色泽明艳诱人，故而品尝一番。入口，顿觉松软适口，甜而不腻，咂舌之间，一股清新的甜润滋味弥漫开来，回味无穷。尝过后，乾隆皇帝赞不绝口，觉得该糕点远胜于宫中名厨烹饪的御点。因这甜润润的糕点外形与梅花类似，于是，乾隆帝皇赐名为"梅花糕"。

如今，梅花糕仍沿袭了传统的制作方法，选用上等面粉、酵粉，与清水一同搅拌为糊状，注入烤热的梅花模具之中，放入鲜肉、豆沙、猪油、玫瑰花瓣等各色馅心，再在最上面注入一层薄薄的面浆，撒上一层厚厚的白砂糖，装点上丝丝缕缕的红绿瓜丝。将灼热的铁板盖在模具上，以文火慢慢烤熟。这道糕点做成之后呈金黄色，状似梅花，松软适口。若在糕点上加上一层小小的软糯元宵、清脆爽口的青红果子、香酥适口的松子仁，风味更为鲜美，外酥里嫩，老少咸宜。

南京街头出售梅花糕的小店面比比皆是，各家的配料略有不同，风味也有所区别，有的清清淡淡，软软糯糯，比较爽口；有的则甜润细腻，品咂于舌尖，一股甜津津的味道直往喉咙里钻。我前不久在学海路附近的一家小店尝过一次梅花糕，口味很是地道。这家门店小小的，毫不起眼，门头上痕迹斑驳，显示出这家小店面已经有些年头了。上了年纪的老板娘一个人守着店铺，站在炉子后，忙前忙后，招呼客人、烹饪糕点、收银找钱都是她一个人的活儿。我从小最爱干的一件事情，就是站在一旁细细打量梅花糕的制作过程。这家店铺也是现做现吃。只见老板娘舀起一大勺早已备好的面浆，麻利地将面浆注入早已热好、烫好并均匀刷好一层油的梅花形模具之中，旋即盖上六角盖，缓缓转动着模具，让里面的面浆均匀地覆盖在模具上。稍等片刻后，老板娘掀开盖，用铁铲将已初步成形的糕体刮到模具中央，挤上些豆沙，挨个儿摆上圆乎乎的小元宵，再撒上一些松子仁、葡萄干、红绿瓜丝，最后点缀上一颗红枣。于是，梅花糕就出炉了。

新鲜出炉的梅花糕冒着袅袅热气，上面零星点缀着红绿瓜丝、葡萄干、大红枣，白色的底色上红绿掩映，色彩斑斓，恰如一朵在雪地里悄然绽放的梅花，娇俏可人。小小的梅花糕装在简易的小纸杯里，咬一口，细细品尝，绵密的豆沙馅儿还是温热的，细腻而饱满；米白色的小元宵软软糯糯，甜度刚刚好，还有一点点黏糯。这梅花糕的口感也很神奇，顶部黏而软，底部接近模具的那一部分则是香酥焦脆的，尤其是贴着边缘的那一条边，金黄酥脆，香喷喷的，慢慢咀嚼，尤其过瘾。丰富的口感、饱满的层次、明艳的色泽和甜润的滋味，无不让人醉心于这道江南小点。

如果已经对这道清润可口的江南小点产生了兴趣，游历南京时，一定不要与它失之交臂。漫步于古城的僻静之处，手里捧着一份温热的梅花糕，听着脚步声在深幽古巷里的回声，品咂着舌尖的甜蜜滋味，实属美事一桩！

浦口区
浓厚清鲜的舌尖诱惑 >>>>

十里温泉,百里老山,千年银杏,万只白鹭,这灵动锦绣的万里河山给予了浦口美食太多灵性。街头巷尾最不起眼的小吃食,恰似一只孩童顽皮的手,轻轻撩动着老南京人味蕾深处的情愫。那里,是儿时,是旧居,是再也回不去的往昔岁月。

鸡鸣汤包（明发外滩广场店）

地址　浦口区江山路明发外滩广场永辉超市门口对面

电话　17366026526

桂花糖芋苗
香甜里的四季轮回

　　桂花糖芋苗是南京街头的一道传统甜点，和赤豆酒酿小圆子、梅花糕、桂花蜜汁藕并称为南京四大最具人情味的街头小吃。经糖水浸泡的芋苗酥软香甜、润滑爽口，被酱红色的汤汁包裹着，鲜亮而诱人，散发着浓郁的桂花香。食过之后，唇齿留香，让初来南京的一众饕客久食不厌。

　　听家中长辈说，小小一碗桂花糖芋苗在南京已有逾千年的历史。在旧时的南京古城内，小贩们挑着担子，走街串巷。每每听到熟悉的叫卖声在街头巷尾响起，大人们就会拿出一个瓷碗或一口小锅，馋嘴的孩子们则屁颠屁颠地跟在大人们身后。小贩麻利地接过碗去，掀开盖，取来勺，下舀入锅，接钱找零，一气呵成，一步都不会错。小孩们站在一旁看呆了。这一幕，对于许多老南京人而言，都是最难忘也最珍贵的儿时记忆。多少个午夜梦回时，悠悠的桂花香仍隐约飘来。

　　芋苗似乎与桂花有着一个秋天的约定。每年中秋节前后，南京城内四处浮动着一股沁人心脾的桂花香味，这时，恰好也是芋头成熟的季节。于是，

浦口区 浓厚清鲜的舌尖诱惑

在这个金色的秋季里，芋苗与桂花结合，酝酿成了南京街头独一无二的一碗桂花糖芋苗。

屈原在《九歌·东君》中曾低吟浅唱出"援北斗兮酌桂浆"的词句，这是一份何等天真烂漫的诗情！而蕙质兰心的南京女人更是将这诗情画意融入生活之中，在中秋时节，摘下枝头鲜嫩的桂花，用糖将其腌制成清甜如蜜的"桂花浆"。南京女人也有一份江南水乡造就的细心和柔情，即便是一日三餐的寻常饮食，也追求一份生命的纯粹与舒展。那一筐芋头大大小小，象征着一家老小人丁兴旺，团团圆圆。出于一份对美满生活的期盼，温婉的南京女人将桂花糖浆与芋苗结合在一起，人生真趣悄然蕴含于平淡之中。久而久之，这清甜醇正的桂花糖芋苗就成了南京的一道风俗小吃。随着冷冻技术的发展，芋苗已不再是专属于桂花飘香时节的美味了，一年四季，食客们都能享受到软糯酥烂、清香可口的桂花糖芋苗。

要做出最地道的桂花糖芋苗，一定要选用南京当地的上等芋头的新鲜芋头，将其蒸熟、剥皮儿，放入锅内，以文火慢慢煨煮。煮的时候还要放入一些食用面碱，直到那一个圆乎乎、白润润的芋头在锅中翻滚，变成一片烂漫的紫红色。这时再加入些许南京玄武湖的藕粉，以及东郊陵园淡白色的小花银桂酿制而成的桂浆。这样做出的桂花糖芋苗堪称色、香、味俱佳，软糯酥滑，入口即化。

漫步之间，总能发现各种惊喜，尤其遇上那种门口摆着几口铜锅的小店铺时，我就更加迈不动步子了。以我的经验，这种市井之间的小店铺中往往有最香甜味美的桂花糖芋苗。前不久，我就在外滩广场的"鸡鸣汤包"店邂逅了一碗桂花糖芋苗，那甜津津、滑润润的口感，完全是记忆里的儿时味道。

秋日午后的江南，我迎着斜阳，静静坐在店内小桌旁，端着精致的小碗，慢慢品呷。手中那碗桂花糖芋苗真是让人难以抵挡，柔柔的软糯、<u>丝丝</u>的香甜萦绕于舌尖，再慢悠悠地从唇边流向心田，久久难以

散开。品味着这甜润的味道,我的内心也于顷刻之间变得异常柔软。

记得有人说过,每个人都是在品尝着时令小吃、追随着时间脚步的过程中慢慢长大的,又在领略各地小吃的过程中丰富自己的人生阅历。所谓怀旧,大抵就是以儿时尝过的美食为载体,对逝去的美好的一种追忆吧。个中滋味大都随着时光一同消逝,但那最正宗的桂花糖芋苗清甜酥润的滋味却久久萦绕于心头,挥散不去。

> 担子蒸儿糕
> 地址　街边小吃
> 电话　无

担子蒸儿糕
淡淡的米粉清香

浦口区　浓厚清鲜的舌尖诱惑

　　蒸儿糕是南京街头的一道传统点心。穿梭于南京街头，时不时会看见卖糕人挑着一副挑子，一头盛着米粉，另一头是一个小小的火炉，现场加工、蒸熟蒸儿糕，袅袅的热气消散于金陵古城。米粉放在一只小盆里，上面蒙着一块洁白的纱布。火炉上面摆着一摞木制的蒸筒，小风炉的炉膛里熊熊燃烧着一段段劈好的木柴。炉中的火苗熠熠生辉，始终不会熄灭。卖糕人都是用蚌壳来铲米粉，动作麻利，蒸糕的速度也很快，一眨眼工夫，一块松软清甜的蒸儿糕就熟了。热腾腾的蒸儿糕捧在手里，有一股淡淡的米粉的清香，趁着热乎劲儿咬上一口，软糯中又不失嚼劲。

　　老南京人都知道，蒸儿糕可"一糕两吃"。一种吃法是将蒸儿糕从中间掰开，放入一勺白砂糖，再用干净的纱布在案板上压扁。这种蒸儿糕吃起来香甜清润，还很有嚼头，吃上几个肚子就饱饱的了。另一种吃法是加入白砂糖，用水冲泡，将松软黏糯的蒸儿糕调和成糊状。这种吃法很适合牙口不好的老年人或婴幼儿。旧时，若是奶水不足，当母亲的便经常将这以天然米粉为原料的蒸儿糕调制成糊状，作为孩子的辅食。在过去那些清贫的日子里，南京的小孩除了吃奶之外，多半都是吃着蒸儿糕调成的糊糊长大的，而且一个个长得白白胖胖。

　　这香甜可口的蒸儿糕的起源，恐怕要追溯到唐朝。相传，唐朝年间，吕洞宾曾考中进士，时任浔阳县令，后在庐山游历，在山中老林结识了仙使，并得长生诀。成为"八洞神仙"之一的吕洞宾头戴着华阳巾，身着黄袍，腰间系着丝带，背上插着宝剑，足间蹬着云靴，云游四方。一日，吕洞宾来到金陵古城，当时这里正在闹饥荒，只见城郊饿殍遍野。吕洞宾于心不忍，化身为一名老者，四处施舍蒸儿糕，用来救济灾民。此后，金陵民间沿用了吕洞宾烹饪蒸儿糕的法子，这道带着清新米香的蒸儿糕也就成了民间的一道美味。

　　一日，临睡前我突然思念起许久未吃的蒸儿糕，打算第二天带上好友一起去寻觅这道美食。蒸儿糕作为南京的传统点心，在大饭店里很少有卖。但在南京的街头巷尾，每日早晨都能找到挑着担子卖蒸儿糕的，一般是中年妇女或者老人。第二天早上，我起床洗漱完毕，便扫了一辆动感电车，和友人一起在浦口区的一些巷子里转悠，很快就闻到了熟悉的香味。一位老人正在街角处卖蒸儿糕，热气腾腾的。担子在一边靠着，地上摆着一口小风炉，上面摆着一口小小的蒸汽锅炉，锅炉上摆的就是制作蒸儿糕必不可少的木制模具——"蒸斗"。蒸儿糕是用蒸汽蒸熟的，故而得此名。老人先将米粉装入一只木制模具内，再添入研磨成粉的黑芝麻和白砂糖为馅儿，然后在上面铺上一层米粉，摊平之后加上盖，放在锅炉上蒸。在制作这一只模具的蒸儿糕的同时，另一只在锅炉上蒸着的模具里的蒸儿糕就熟了。如此往复，每时每刻都有现蒸现卖、热乎乎的蒸儿糕。

　　我和友人一人买了一块蒸儿糕，算是当日早餐。刚出炉的蒸儿糕在冬日的清晨冒着袅袅白气，四四方方，白白净净。咬上一口，松松软软，糯糯的口感中又带着些许韧劲。中间一层白砂糖，吃起来"沙沙"作响，清润可口，甜而不腻。我和友人一边走着，一边吃着蒸儿糕，体味着儿时那份早已远逝的乐趣。

合作土菜馆

地址 浦口区桥林工业园丹桂路8号

电话 025-5819119

浦口区 浓厚清鲜的舌尖诱惑

小鱼锅贴

悠悠湖畔的一抹鲜活

小鱼锅贴又被称为活鱼锅贴，是南京街头大小饭馆中常见的一道风味小吃。据说，小鱼锅贴最早起源于洪泽湖畔，那里的渔民长期生活在湖上，许多饮食习惯因湖而宜，也由此创制出许多独特的菜肴，小鱼锅贴就是其中之一。

经湖上渔人之手烹饪而出的小鱼锅贴，选用的是一种小鱼，一般长度为一两寸（1寸≈3.33厘米）。将新鲜捕捞的小鱼洗净，去鳞，剖腹，取出鱼肠、鱼胆等内脏，用清澈的湖水烹煮。同时，舀一勺面粉，加水，调成面糊，取一口铁锅，在锅底和四周贴上一层薄薄的饼。饼底入水约半寸，以急火煮沸，再将清水煮熟的小鱼放入，汤汁四溅，扣上锅盖。等上三五分钟，锅盖乍一揭开，面饼紧紧贴着鲜鱼，透着一股淡淡的饼香，鲜香之中又飘逸出淡淡的鱼味。

小鱼锅贴常与鱼汤搭配食用。"鱼汤"指的是头一锅熬煮小鱼的清汤，这种清汤鲜美爽口，清新开胃。鲜鱼、脆饼、清汤，让饕客口舌生津，频频举箸，称赞连连。然而所有这些，不过是洪泽湖上渔人的日常三餐，省时省事之余,还兼顾了"饭菜一锅熟"。时至今日,每逢船上来了亲朋好友,渔人家往往会用这道美味款待客人。

小鱼锅贴久负盛名,据说起源于明朝初年,与明太祖渊源颇深。幼年时,朱元璋在灾荒的年月里逃难,来到了洪泽湖畔,与那些放牛的、捕鱼的、砍柴的、要饭的穷人家的孩子聚在一块儿。这些穷孩子将手头所有的食材凑在一起,放锅里用湖水煮小鱼,在铁锅边贴饼。由此烹饪而成的小鱼锅贴虽说做法简单而原始,但吃起来格外鲜嫩、香脆。久而久之,小鱼锅贴便成了这一带湖上渔人、沿湖农家的一道家常菜。朱元璋当了皇帝后,日日山珍海味,没多久就腻烦了宫廷中的美味,反而对穷苦日子里的生鲜美食格外思念。于是,他特意派人去洪泽湖畔寻觅渔妇,为他烹饪这道小鱼锅贴。朱元璋去世后,小鱼锅贴在宫中渐渐失传了,却在民间成了一道当地特色,流传了下来。

现在,在南京的大街小巷尤其是一些湖畔和公路旁,总能看到各色"小鱼锅贴"招牌。春光正好,我与父母去丹桂路上踏青,走走停停,不知不觉已是中午。听说合作土菜馆的小鱼锅贴肉质鲜美,量很足,于是前去尝鲜。我们点了一碟小鱼锅贴、一碗鲜鱼汤、一盘素炒菊花脑,都是时令美味,清清爽爽。

虽然过了中午饭点,但店里食客依然众多。我们等了一会儿,点的菜肴陆续上齐,我举起筷子,伸向了我最期待的小鱼锅贴。咬上一口,外皮那层薄薄的面饼酥脆香浓,里面还添了香葱、辣椒和青豆,风味更佳。裹在面饼里的小鱼肉质鲜嫩细腻,入口即化,淡淡的鱼腥味里透着自然的清香,咽下肚去,舌尖仍留有丝丝甘甜。接着,我舀起一勺鲜鱼汤,将小鱼锅贴在汤里一蘸,酥脆的薄饼吸饱了汤汁,软绵润泽,也很美味。

咀嚼着香喷喷的锅贴,蘸着鲜浓爽口的鱼汤,在明媚的春光里,我感受到了说不尽的生活韵味。即使一顿山野间的便饭已临近尾声,我仍兴致盎然。我想,下次一定要踏上一条洪泽湖上的渔船,吹着习习凉风,看着湖光山色,尝一尝湖上渔家小鱼锅贴最本真的味道。

传统牛肉汤

地址　浦口区旭日上城3期11栋101（弘阳A座沿街商铺）

电话　18751945157

浦口区　浓厚清鲜的舌尖诱惑

牛肉汤

一家熬汤四邻香

　　从太平南路沿着秦淮河两岸，一直到水西门一带，都是回族人在南京的聚居之地。因此，许多传统的清真饭馆也在南京应运而生，其中以李荣兴、奇芳阁、绿柳居、安乐园、马祥兴最负盛名。久而久之，清真菜肴也成了南京当地的特色。在众多清真美食之中，最家常的要数老少咸宜的牛肉汤。

　　南京的牛肉汤选材考究，以新鲜黄牛肉为主料，搭配千张、红薯粉等，佐以浓郁高汤、各色香料，再撒上一些葱花、姜丝、香菜用于提味，嗜辣的食客还可以淋上一小勺辣椒油。成品咸香爽辣，汤味醇厚，深受南京当地人喜爱。到了冬日里，走在街头，身上渐渐起了寒意，这时南京人最爱钻入当街的清真小门店里，点上一碗热腾腾、香喷喷的牛肉汤，"稀里呼噜"喝下去，一股融融的暖意从胃里升起来。

　　关于南京牛肉汤的起源，在南京有几个版本。据民俗学家推测，牛肉汤的起源不会晚于春秋战国时期。相传，公元164年，刘安被册封为淮南王。当时王府中的御厨刘道厨艺高超，刘府上上下下称其为"老刘头"。后来，淮南王醉心于长生不老之术，终日在八公山上炼制仙丹妙药，可珍馐美味送到山顶时,早已凉而无味。眼见着淮南王日日以凉膳充饥,日渐消瘦,老刘头左思右想,终于计上心头。他率领着刘府众家丁,杀黄牛,取牛骨,甄选多味草药及卤汁,以文火慢慢熬制成浓郁汤汁,并将牛肉切成薄片,与粉丝、千张等配菜并高汤一同用担子挑上山顶。高汤表面覆盖着一层薄薄的油脂,因而久热而不散。淮南王品尝后,赞不绝口。

到了明朝年间,一位来自淮南的王姓厨师被请入宫廷的御膳房,专门伺候马皇后。一年冬日,马皇后身患感冒,茶饭不思。王小厨烹制了这碗热乎乎、爽辣辣的牛肉汤,端至马皇后面前。马皇后尝了一口,顿觉香辣爽口,生津开胃,连呼吸都一下子顺畅了许多,于是连连称赞。后来,牛肉汤流入金陵民间,代代相传,成了南京城内炙手可热的一道清真美味。

我们去的这家传统牛肉汤店沿街而立,专营牛肉类的小吃食,诸如牛宝、牛杂、牛尾、牛肉面,一应俱全,但其中还是以牛肉汤最为鲜美。他家牛肉汤的主料沿用了传统食材,包括牛肉、豆皮、粉丝。门口支着两口炉子,上面各摆着一口锅,一口锅里以文火熬着牛骨头汤,另一口锅则用来煮牛肉汤。老板动作麻利,用汤勺从一口锅中舀起几大勺牛骨头清汤,倒入另一口锅中,以大火煮开。依次放入薄薄的牛肉片、切成细丝的豆皮、一把细粉丝,撒入些许细盐、胡椒粉去腥。汤水滚过后,将食材悉数捞出,放入碗

里，兑入一勺浓郁的牛骨汤，最后撒上香菜，滴上几滴香油。

听老板说，他家的牛肉汤分为咸、甜两种口味。咸口的牛肉汤，汤鲜浓而肉肥美，撒上些许葱花与香菜，滋味尤其鲜美。如果嗜辣，淋上一小匙店家秘制的红油，更是鲜香爽口，口齿生津。甜口的牛肉汤指的是未加盐的牛肉汤，或者只撒入些许盐花，味道清爽宜人，咂舌细品，有一股淡淡的回甘之味。

我向来自诩为重口之人，这次却想尝尝这甜香的牛肉汤，于是点了一碗甜口的牛肉汤。汤很快便上桌了。经文火熬煮的牛骨头汤上浮着几片葱花，舀起一勺，纳入口中，汤鲜美醇厚，将牛肉的鲜美之味发挥到了极致，又丝毫没有腥味。再吃一片薄薄的牛肉，软嫩可口，入口即化。切成丝的豆皮与细粉丝也很入味。

清真美食虽不是金陵诸多菜肴之中的主流，却也是不可或缺的一部分。在以色泽明艳、口味清醇而见长的诸多金陵菜肴之中，清真美食牛肉汤就如同一股清流，让步履匆匆的行人能随意在街旁找到一处歇脚的馆子，喝上一碗热腾腾的汤水，拂去心头的疲惫。

六合区
清新宜人的时鲜野味 >>>>

六合之美,在于其清新淳朴的乡土气息,而浮华如斯的年代里,质朴最是难得。在这里,美食皆原汁原味,民心皆坦坦荡荡。流连其中,漂泊于尘世的心也慢了下来,静了下来。

李鼎记六合猪头肉（长江路店）

地址　六合区长江路六合一中南门对面

电话　025-57106189

六合猪头肉
闻之开胃，入口即化

　　每个所谓的南京"城里人"可能都会有三五个六合区的朋友，这些朋友可能有一点"甩"，还有一点儿"糙"，但谈及南京的吃吃喝喝，他们能讲得头头是道。六合人是出了名的爱吃、会吃，天生长了一张挑剔的嘴，以及一双灵巧的手。在阳春白雪的美食殿堂里，猪头肉常遭人鄙弃，但到了六合人的手中，立马化腐朽为神奇，别有一番风味。开在南京市区的一家家挂着"六合猪头肉"招牌的店铺，在六合人看来，总有一种"除却巫山不是云"的感觉。在六合人眼里，地地道道的六合猪头肉，要用六合本地的土猪肉和凉津津、清亮亮的井水来烹饪。在漫漫时光之中，六合猪头肉早已与六合人天生的勤俭乐观合而为一，饱含着六合的人情味儿，那浓郁而绵长的味道是难以模仿的。

　　猪头肉又被人们诙谐地称为"扒猪脸"，诗云"长鬣大耳肥含膘，嫩荷叶破青青包"，指的就是包裹在清香的荷叶中烹饪而成的猪头肉。作为一道金陵名肴，六合猪头肉早在晚清年间就已享誉天下。据说，清朝乾隆年间，乾隆皇帝每每下江南，都会特意绕道去六合，而且次次钦点这道当地秘制的猪头肉。六合猪头肉由当地的土猪肉与老卤一同慢慢煨煮而成,六合百姓得知乾隆皇帝如此厚爱这道美味,为了感念皇恩,特地将为乾隆帝烹饪猪头肉时煨煮而成的那一锅老卤留下,再兑入新鲜的汤水里。日复一日,年复一年,六合的猪头肉遂有了"乾隆老汤"猪头肉的美名。到了清朝咸丰年间,"六合猪头肉"的美名已在大江南北传开了。

六合的猪头肉,赚的都是辛苦钱。住在城里的老南京人若想吃上一碟刚出锅还冒着热气的六合猪头肉,就一定要起个大早。我和朋友相约,早晨5点钟就驱车前往六合。赶到六合,天才蒙蒙亮,星星挂在天际,有点寒意,格外清冷。六合一间间老屋暖黄色的灯已亮了起来。六合的手艺人最是淳朴勤劳,早早就起来,将新鲜宰杀的猪头上的毛细细拔干净。刮脏也好,沥血也好,每样都是细活儿,也是累活儿。我们去的那家店的老板,也许是日日握着镊子,拇指变得肿胀又粗糙。一口大大的铁锅摆在灶台上,里面同时煨煮着七八个猪头。

这猪头肉煮起来看似简单,实则很考究。要先将拔毛洗净的猪头沥干水,再放入滚水中,与姜片、大料、八角等一同焯水,以去腥增香。接着,将猪头从锅中捞出,用松木将火烧旺,倒入二三十年的老卤,往里头添入六七味作料,先用大火将锅烧开,再用文火焖煮。如此紧煮慢炖,旺火煮沸,文火焖烂,四五个小时之后,锅中的七八个猪头才能入味。这时候的猪头肉连油都被煮出来了,看上去金红油润,闻起来荤香四溢。

趁着这热乎劲儿,店主从锅中捞起一只猪头,切下一块肉,细细切片,摆在瓷盘中,冒着腾腾热气就端上了桌。我迫不及待地夹起一片,纳入口中,那肉质软而不烂,肥而不腻,饱满地吸入了老卤,当真是"闻之开胃,入口即化"。我想,我之所以如此钟爱六合猪头肉,除了因为它馥郁的荤香和极佳的口感,还因为一个猪头肉包含了猪耳爽脆、猪脑软糯、口条松软、瘦肉紧实等多重口感。

如今,六合猪头肉为越来越多南北食客所接受和喜爱,走在南京街头,不少地方都会亮出"六合猪头肉"的金字招牌。然而,六合猪头肉是一道极具地方特色的佳肴,要品尝最地道的六合猪头肉,还需要去六合走一遭。诸位食客也不妨走出"水泥森林",徜徉于六合的山水之间,放松身心的同时,品尝一番猪头肉的美味,岂不是美事一桩?

六合牛脯

地址　六合区凤南街与凤滨路交叉口处

电话　无

六合盆牛脯

百食不厌味悠长

　　六合盆牛脯是南京六合区的一道历史悠久的风味小吃，迄今已有逾百年历史。民国二十年，即1931年，镇江举办了一场全国食品博览会，在这次会上，六合盆牛脯凭借着其鲜、香、酥、透的口感拔得头筹，风靡一时。正宗的六合盆牛脯以十岁左右黄牛的肉为原料，取其臀部、两肋、腰膀、腿肉，佐以大块冰糖、黄豆酱油、葱花、姜丝，经过泡卤水、切块、腌制、涂抹、叠翻、起缸、调料、入锅、火攻、出锅、修角、上盆等一系列严苛而考究的工序烹饪而成。即使在三伏天里，精心烹饪的六合盆牛脯仍能保鲜一周左右。

　　六合区盛产美食，在当地众多风味小吃中，我对这道六合盆牛脯情有独钟，因为它不仅有着独特而美妙的风味，更有着深厚的文化底蕴。追溯六合盆牛脯的起源，一般资料都说起源于隋唐时期，至于具体时间则语焉不详。有关六合盆牛脯的起源，民间流传着两个传说。我对此心怀好奇，特意翻过史书，觉得并非信口雌黄。其一说的是，当年宇文化及率众部下在扬州弑君，隋炀帝的御厨随后逃到了距扬州70千米的六合避难，从此在那里做起了牛脯生意。宫里的手艺本来就精妙，很快六合盆牛脯就成了金陵城的一道美食。其二是说，唐朝末年，黄巢领导起义，他手下的部队采取的是流动作战方式，因而无法将抢劫得来的耕牛随时带在身边，只能宰杀后制成牛脯。起义军途经六合时，一位随军的大厨将制作牛脯的手艺传授给了当地百姓。

这两个来源，一个来自高远庙堂，一个来自寻常民间，这也就决定了千百年来，六合盆牛脯身上同时存在着贵族与草根的双重基因。

如今南京街头虽然挂着"六合盆牛脯"招牌的小铺子比比皆是，但就美食而言，我始终心怀着一份守旧与传统，在我看来，要吃最地道的六合盆牛脯，非得去它的起源地六合不可。想尝到正宗的美食，就免不了折腾。赶上一个周六的早晨，我约上两位朋友，早早就驱车出发了，抵达六合时，刚过8点。

沿街有众多专营六合盆牛脯的小店面，小小的店面背后，就是老板家的小院落。我早已在网上寻觅好目标，径直来到岔路口的这家小店。店铺内，一盒盒包装好的六合盆牛脯摆放得很整齐。得知我们专为这美食而来，老板还热情地邀请我们去院子里参观六合盆牛脯的制作过程。

听老板说，他家的牛脯选用的都是壮年黄牛的前腿肉。要先将一大块牛肉切成一斤左右的大长条，放入缸子里，加入细盐、大茴香等腌制。四季的腌制时间各不相同：夏季通常半天或一天即可，春秋两三日，冬天则要足足一个星期。每天都要为缸子中的牛肉翻身两三次，以便每一寸肉都能腌制均匀。等牛肉隐隐透出好看的胭脂红时，将其取出，洗净后沥干水。老板一边说，一边掀开缸盖给我们看。只见里头的腌肉已隐约呈胭脂红，想来是快好了。

接着，将牛肉放入老汤之中，佐以秘制配料，

加入六合当地的井水，用大火煮上两三个小时，待牛肉微软时，转为小火。以牛油封头，以保持锅内温度稳定，继续煨煮十来个小时。出锅后，就到了最关键的一步。将牛脯悉数放入柏木盆中，灌上原味卤汁，最上面一层用肚筋肉封住。我们跟着老板来到柏木盆前，只见冷却之后酱红润泽的牛脯与卤汁凝为一体。老板说，想吃新鲜的六合盆牛脯，直接从盆中牛脯上割下来就行。

我和几位朋友人手一袋，打算带回家细细品尝。怎料，归途中我们几个饕客再也按捺不住，当即开了一袋，犒劳"五脏庙"。经传统工艺烹饪而成的牛脯，嚼在嘴中，咸中透着甜，甜中透着鲜，鲜中透着香，酥而不腻，百吃不厌。不一会儿，一大袋牛脯就被我们一扫而光。

南京古城的饮食文化与它的历史底蕴一般厚重，虽然我从小在这座古城中长大，但穿梭于它的每一个角落，我仍时不时会发现一道令人惊喜的美食。于我而言，比起美食，寻觅美食的过程更让人难忘。

龙袍人家

地址　六合区龙袍镇中心转盘龙江路1号

电话　025-57610086

六合区 清新宜人的时鲜野味

六合头道菜

骨香味浓永难忘

作为六朝古都,南京饮食文化源远流长,各色菜肴之中,既有"阳春白雪",亦有"下里巴人"。吃惯了南京城中名厨烹饪的精妙小炒,不如偷得浮生半日闲,尝一尝农家地地道道的土菜。那种接地气的味道不矫揉造作,更让人通体舒畅,吃过以后久久不能忘怀。在南京城郊众多原汁原味的土菜当中,我尤其喜爱这道六合头道菜。

六合头道菜最初来源于南京市六合区,原本被称为"头道汤",顾名思义,就是当地筵席上的头一道菜肴。在六合区的农家,凡是举办红白喜事,这道六合头道菜都是筵席上不可或缺的菜肴,而且通常摆在餐桌上最显眼的位置。动筷子之前,先喝上一碗热腾腾的汤水,微微出汗,生津开胃,一顿饭不知不觉间吃得也多了。

六合头道菜的关键在于"汤"。过去,农户炒菜所用的荤料是不上浆的,通通煮熟之后再切成所需的丝、丁、片等。这六合头道菜所用的汤底,就是当场宴席上所用的荤料熬煮后得到的汤水,与现在的高汤类似。制作时加入笋片、鹌鹑蛋等十余种原料,以旺火煮开,再以文火烩制三四个小时,

153

调味即成。喝上一口，清新爽口，鲜美之味萦绕于唇齿之间，浓郁的乡土气息久久不散。

据说，这来自乡间的六合头道菜还与文人骚客曹雪芹有着一段故事。曹雪芹是清代内务府正白旗包衣，虽然祖籍为辽阳，却在南京出生，约十四岁迁居京师。身为江宁织造曹寅的孙子，在家道中落之前，身在南京的曹雪芹是一位地地道道的富家公子。他生性自由浪漫，春日的好时节里，经常去南京城郊踏青。一日，他约上三五好友，去了南京近郊的龙袍镇。醉心于山水之间，不知不觉，已是晌午。几个少年郎虽然毫无倦意，却已是饥肠辘辘。漫步于田埂之间，只见不远处一户农家炊烟袅袅，一股浓郁的荤香伴随着清风而来，直往人鼻子里钻。几人登门拜访，农妇应声开门，为他们一人盛了一碗浓汤。闲谈之际，曹雪芹才得知，这浓郁的汤水是以头一日邻居家喜宴的猪骨头汤作为汤底，再佐以绿绿的蔬菜和几个鹌鹑蛋熬制而成。回到家中，曹雪芹仍对这碗在山水间喝过的汤念念不忘，并让家中后厨如法炮制。

想尝一尝最地道的六合头道菜，还得追根溯源，去南京近郊的六合区。我们一行人驱车来到龙袍镇。小小的镇子上，打着"六合头道菜"招牌的小饭馆比比皆是。停车打听，连着几个乡亲都向我们推荐"龙袍人家"。这家

饭馆的地理位置很好，位于龙江路的丁字路口上，店面的招牌很大、很显眼，里面也很敞亮。来到这种家庭作坊式的农家乐，若要探究环境的好坏，关键是去后厨看看。我们几个好奇地去后厨打量一番，只见窗明几净，很是干净，各色餐具与食材摆放得有条不紊。

正值正午，我们几个已是饥肠辘辘，将服务员向我们推荐的店内招牌菜点了个遍：六合头道菜、水芹白干、砂锅蛋饺、六合猪头肉。也许是周末的缘故，店中早已坐得满满当当，但上菜速度仍然很快。不过五六分钟，六合头道菜就被端上了桌。我利索地盛了一碗热汤，再舀一勺汤里的各色食材，立马开吃。先舀一勺汤送入口中。这汤底是以老母鸡与猪蹄熬煮一夜而成的，既有清鸡汤的香醇清甜，又有猪蹄汤的油润爽口，让人很满足。汤底里的料也很足，有脆生生的皮肚、清新爽口的木耳、咸香宜人的咸肉、碧绿绿的青菜——好一锅"大杂烩"。一碗六合头道菜下肚，原本在闹别扭的"五脏庙"也消停了下来。作为一顿饭的"开餐大戏"，六合头道菜真是再合适不过了。

六合头道菜虽说是一锅不折不扣的大杂烩，却杂而不乱，汤水清醇，而其中的各色食材既保持了最本色的味道，彼此之间又不冲突。这荤荤素素、黄绿相映的六合头道菜，正是餐桌上最精彩的一出戏。

朱记品味阁

地址　六合区旭东路 666 号
电话　13813892008

南京香肚

舌尖上的"独居尊"

南京香肚是古城南京的一道传统名肴，历史悠久。清朝年间，袁枚就在其所著的《随园食单》里写道："周益兴铺在彩霞街，八十多年，专制售小肚，闻名大江南北。"这道菜肴形似苹果，小巧玲珑，因此，老南京人称之为"小肚"。南京香肚皮薄如蝉翼，肉质紧实细嫩，红白相间，入口香嫩爽口，带着一股淡淡的回甘之味，因而又被称为"冰糖小肚"。

按照南京旧俗，除夕那日的团圆饭，金陵板鸭、南京香肚和素什锦这几道南京的传统菜是必不可少的。同时，每逢南京人举办婚礼等重大宴席，南京香肚也是一道不可或缺的冷盘菜品。按照旧时南京的风俗，宴席上这道南京香肚所放之处，就是首席客人落座之席。因此，在南京，这道香肚又被戏称为"独居尊"。

说起来，南京香肚至今已有130余年的历史。清朝年间，一对老夫妻无儿无女，二人在中华门内开设了一家店铺，专卖腌制的肉类，其中以"香肚"最为有名，南来北往的饕客闻讯都前来尝鲜。老两口做的香肚之所以美味，首先是因为选料极为考究，一般都选用在南京南郊一带饲养的驼猪。这种驼猪虽然身形矮小，但是肉质十分细腻肥嫩。地方志有云："南乡人家畜猪，皆喂以杂谷，或采野菜，熟以食之，从不饲以不清洁之物，亦不许卧于污水中。故其毛润泽，皮薄而肉肥，入釜一煮即烂，最滋养于人身。故而，南京人给来自南郊的这种猪取了一个雅称，叫'香猪'。"老两口选取最新鲜的香猪腿肉，按照瘦肉六成、肥肉四成的比例，佐以淮南特产的籽盐腌制，再撒上多种中草药和香料调配在一起秘制而成的香料。制作这道香肚时，老两口会亲自动手，在案板上一边搓揉，一边转动用腿肉剁成的肉糜，这样香肚的肉质就变得紧致而富有韧性，肥瘦匀称。经老两口之手烹饪而成的南京香肚，每一只都是手工揉搓而成，悬挂晾晒三天后，再经自然风干发酵，然后经过叠缸等制作过程，成品形状圆润规整，色泽红白分明，味道醇香厚重，简直是下酒佐饭的无上妙品。

冠绝金陵的香肚其实还是一道时令美食，因为驼猪一般只在每年岁末临近除夕时宰杀，其他季节很难吃到新鲜的驼猪肉，加之冬季腌制而成的香肚更加易于保存，口味也最是鲜美。

听闻朱记品味阁的香肚不错，我和朋友便前往品尝。来到朱记品味阁，只见当季做好的南京香肚顺溜地挂在店门口横着支起的竹竿上。晾挂着的香肚每一只间隔10厘米左右，离地面约1米，表面已经比较干燥，微微起皱，在寒风中晃晃悠悠的。

我们翻了翻菜单，点了南京香肚、铁板茄条和荷塘小炒。只见大厨径直走到挂着香肚的竹竿面前，东摸摸，西挑挑，选出一个风干得恰到好处的香肚。圆乎乎的南京香肚被切成薄薄的一片片，夹起一片，送入口中，只觉边缘微微焦黄，香酥爽口，内里鲜嫩细腻，荤香四溢。

据说，清朝宣统二年，也就是1910年，中国历史上第一次大型博览会——南洋劝业会在南京举行。南京香肚凭借着其独特的风味和鲜香的口感，在众多菜肴中脱颖而出，获得各界名流的褒奖。如今，纸醉金迷的南京旧事早已悄然落下帷幕，只有这一只小小的香肚经受住了时间的考验，仍挑逗着往来食客的味蕾。

江宁区
化腐朽为神奇的炖焖煨焐 >>>>>

六代豪华胜地,十朝京畿要地。这片土地上,曾发生过太多风起云涌的故事,如今,它却沉默不语。要想知道那段岁月的故事,不如用心品尝一番江宁的地道美食,它们会告诉你南京古城的故事。

南京大牌档（江宁万达店）

地址　江宁区东山街道竹山路59号万达广场4楼

电话　4001877177

美龄粥
旧时王谢堂前燕

自古以来，南京独特的地理位置就决定了这里的饮食是东西杂糅、南北交会。民国时期，南京成为都城，一时之间南京城内人口倍增，官宦达人云集于此，商贾店家物阜货丰。尽管当时连年征战，但古城南京依然醉生梦死，歌舞升平。而南京的各色小吃也异乎寻常地快速发展起来。在这座古城里，留下了许多名人与小吃的佳话，其中就有宋美龄与她喜爱的"美龄粥"。

据说，民国年间，宋美龄与蒋介石一同居住在南京的别墅中。有一年，正值南京的酷暑，连续几日气温居高不下。宋美龄耐不住暑热，连着几日都茶饭不思。府邸里的大厨心想，这炎炎夏日里若是能喝上一碗软糯香甜的粥，定能生津开胃，祛暑清热。于是，大厨将香米配上豆浆等食材，用文火慢慢熬煮了一晚上。第二天一早，米香味与豆浆香味缭绕，满屋子都飘散着这股清新的香味。大厨将甜粥盛出一碗，冰镇半个钟头，等宋美龄一醒，就端到她面前。微微发凉的粥很是爽口，宋美龄喝过之后胃口大开。此后，这粥成了她最钟爱的一道粥。再后来，这道粥流传到了民间，并得名"美龄粥"。

江宁区 化腐朽为神奇的炖焖煨焙

美龄粥是南京人夏日消暑的佳品。夏日里，南京时常高温久居不下，让人心中难免烦闷，食欲也一蹶不振。夏日最炎热的日子里，母亲常用小锅为我熬上一道美龄粥。熬煮这道美龄粥，母亲最常用的原料是粳米、豆浆和山药，再加上几片清新开胃的百合，用慢火细细熬煮，直到一锅粥黏稠软糯。再将这一小锅精心熬煮的甜粥放入冰箱中，冰镇几个小时。到了下午最热的时候，我就会用小瓷碗盛一碗，一勺一勺舀入嘴中，细细咂舌，慢慢回味。这粥因为掺入了豆浆，有一股独特的豆香味，清香而鲜甜，不知不觉间，小碗就见底了。

对南京美食稍有研究的人都知道，喝美龄粥的最佳去处是老字号"南京大牌档"。每次去南京大牌档，这道美龄粥都是我的必点菜肴。这里的美龄粥应该是熬煮了数个小时，原本颗颗分明的粳米几乎融化在了粥的汤水里。粥水里还掺杂着一小块一小块的山药，应该是出锅前不久才放入的，口感软糯清甜，但又软而不烂，火候把握得刚刚好。咂舌之间，一股浓郁的豆浆味在口腔缓缓弥漫开来。想来他家在熬煮这道粥时应该是放了足量的豆浆，才酝酿了如此浓郁的豆香味。

传说中，宋美龄到了晚年，几乎每日都要喝上一碗美龄粥。想来，这位经历了一个多世纪风云的美人之所以能活到106岁，与这养颜又养生的粥也有莫大的关系吧。一直觉得，一碗好的粥必须用文火佐以耐心，慢慢熬煮方能成。走在金陵古城之中，不如慢下脚步来，喝一碗美龄粥，听听时光流逝的窃窃私语。

顺乐土菜馆

地址　江宁区侯家塘238号对面（近巴厘原墅）

电话　025-84112862

芦蒿炒香干
酥嫩鲜香的平和之味

　　芦蒿炒香干，听来平淡无奇，却是南京的一道传统名菜。其实，芦蒿并不是什么稀罕之物，大江南北产芦蒿的地方甚多，但其他地方都少了一份如南京人那般对待素菜的精细之心。

　　每年春天四五月份，南京近郊的塘沿儿和田埂上便长满了清脆可人的芦蒿。于是，南京人就迎来了吃芦蒿的好时节。因为心怀着一份对田间美味的虔诚之心，南京人吃起芦蒿来也格外认真，一大把芦蒿往往要掐头去尾，只留下中间那一段青青脆脆、干干净净的芦蒿秆儿。夸张点说，往往一斤芦蒿会被掐去八两。芦蒿炒香干也是沿用了南京人所钟爱的素炒的烹饪手法，除了淋上一点油和放一点盐，几乎不添加别的作料。南京人所享受的正是香干与芦蒿秆儿混合在一起所特有的那一份自然纯净的清香。在明媚的春日里，夹起两根青翠的芦蒿，送入口中，细细咀嚼，食过之后唇齿也格外清爽。

　　每年四五月份正值江南阴雨连绵的梅雨季节。这时，青幽幽的芦蒿长势最是喜人。小时候，梅雨季节难得有春光明媚日，所以每遇晴天母亲总会带着我去菜市场，买上一把刚从田野间采摘来的芦蒿。十几年前，小贩们卖的芦蒿还很便宜，五毛钱或八毛钱一斤。母亲挑拣半天，总是能从众多摊贩所卖的芦蒿之中选出最新鲜脆嫩的芦蒿，再去卖豆制品的小贩那里买上几块香干。

回到家中，母亲将芦蒿的老根和叶子一一摘去，将香干切成细细的长条，以大火翻炒。不一会儿，香气扑鼻的芦蒿炒香干就出锅了。吃到最后，芦蒿特殊的香味加上香干淡淡的豆香味在嘴里弥漫开来。那美味我至今回味起来，仍垂涎不已。

芦蒿炒香干是一道时令小炒，每逢春天，在南京街头一些饭馆里总能吃到这道美味。顺乐土菜馆的芦蒿炒香干就保留着这道南京名肴最传统的味道。一个周末，我和一位朋友来到这家期待已久的土菜馆。那时还不到十一点，店内的客人还不多。

我们点了几道店内的招牌菜：芦蒿炒香干、老母鸡汤、土腊肠，两个人才一百元钱出头，而每一道菜都分量十足。听服务员说，芦蒿炒香干里的芦蒿是每天清晨店里的人去菜市场采购的，是最新鲜的芦蒿。我们夹起满满一筷子，送入口中，大嚼特嚼，芦蒿的口感清新爽脆，很过瘾。香干不干不湿，恰到好处，而且完全没有豆腥味，只有一股若隐若现的豆香味。

服务员说，如果不习惯传统金陵菜的素炒手法，店中还提供芦蒿炒腊肉。细细品味着口中充盈着的芦蒿的清香，我有些好奇，不知来自山野的芦蒿与烟熏的腊肉会碰撞出怎样的火花。我决定找个机会再来尝一尝，也许是另一番独特的风味吧。

狮王府（汤山翠谷生态餐厅店）

地址　上峰镇翠峰路1号（近上峰中学）

电话　025-87161777

老南京熏鱼
但求年年有余

每年除夕，很多老南京人家中的年夜饭里必定有一道风味纯正的老南京熏鱼，为的就是在辞旧迎新的日子里讨一个"年年有余"的好彩头。旧时，这道老南京熏鱼从上桌到终席，谁都不能动筷子，一直要摆到明年，也就是大年初一，为的是保证"年年有余"。如今，南京人对风俗不再这么讲究了，但为了吃出年年有余的好兆头，有的家庭会做上两条熏鱼，年夜饭时吃一条，大年初一再吃另一条。如果席间只有一条熏鱼，则可以年夜饭吃鱼身，大年初一吃鱼头、鱼尾，照样寓意着年年有余。

就这样，时光无声地流逝，老口味的熏鱼陪着南京人走过了一个又一个春夏秋冬。旧时，南京人用烟熏的方法来烹饪鱼类、肉类，是为了防止肉食品腐烂。而今，熏鱼仍是金陵美食中的一道绝味，这是因为烟熏让鱼肉的风味变得别具一格。南京熏鱼暖胃平肝、温中补虚，明朝年间的《宋氏养生部》中就记载了这道菜肴的做法："微腌，焚砻谷糠，熏熟燥。治鱼微腌，油煎之，日暴之，始烟熏之。"

儿时，每当除夕，母亲都会下厨，亲手烹制一道老南京熏鱼。时至今日,那饱含着家的爱意的熏鱼仍是我记忆中的一道美味。正宗的南京熏鱼多以草鱼为原料,母亲一般会挑两斤左右的草鱼,她说这般大小的草鱼没有多余的脂肪,肉质鲜美,易于入味。母亲手脚麻利地将草鱼洗净沥干,从背部切为两大块,再将每块斜切为八片。葱、姜以刀背拍碎,放入大海碗内,佐以细盐、料酒、酱油,搅拌均匀,放入鱼片,腌制四五个小时以入味。油锅烧至七八分热,母亲用筷子夹起鱼片,依次放入油锅中煎炸,等鱼片的一面变得金黄酥脆时翻面,然后趁着热乎劲儿将鱼片放入早已调好的糖水中浸泡四五分钟。

这道熏鱼若是在寻常日子里吃,鱼块大可随意摆放,但若是在除夕的团圆饭上吃,则要鱼头在首,鱼尾在末,一块块金黄香酥的鱼片整齐地摆放在中间。这道年夜饭必不可少的吉祥菜闻起来香喷喷,咬一口脆酥酥,在嘴中细细咀嚼,一股糖汁的甜味从舌尖弥漫开来,令人幸福极了。

如今,在那些地道的金陵菜馆,老南京熏鱼仍是招牌菜。前不久,我与友人外出探店,去的是正宗金陵馆子——狮王府。南京熏鱼、砂锅鱼头、过桥野蔬、清炖狮子头……我们点了数道老南京人最爱的金陵风味,其中味儿最正的还要数这道作为冷盘的南京熏鱼。

七八块金黄酥脆的熏鱼摆在碟子中,是端上桌的头一道菜。我饥肠辘辘,迫不及待地夹起一块,咬一口,甘甜的味道飘散于唇齿之间。酥脆的鱼肉很有嚼头,松软的鱼肉充分吸收了酱料,甜甜的汤汁从舌尖流向喉咙,让人食欲大振。作为一道餐前冷盘,这道南京熏鱼的功夫真是到了炉火纯青的地步。

听服务员说,这道南京熏鱼之所以如此味美,烹饪工序倒也平常,主要原因在于秘制的糖汁酱料。狮王府的熏鱼酱料中,除了酱油、料酒、五香粉、白砂糖等常见作料,还放了切成细末的洋葱。洋葱让酱料的风味更为独特,吃起来既层次分明,又更为醇厚。酱汁煨好后,放入小瓷碗中,隔碗冷浴,为的是一会儿将刚出油锅的、热乎乎的鱼块放入凉津津的酱料时,能逼出鱼块中的油分,让酱汁充分进入,吃起来更为清爽。

每一道佳肴都蕴含着一份巧妙的匠人之心。我想,寻觅美味的路途之所以如此美妙,一则是因为味蕾与美味的碰撞,二则是因为能从一道道美食中体味其背后蕴藏着的智慧和用心。

新东新老鹅馆（金箔路店）

地址　江宁区东山镇金箔路298号（近金宝市场）

电话　025-52189777

东山老鹅
慢火熬出的醇香

东山老鹅是一道传统的金陵名肴，是将田野间散养的鹅剁成大块，与土豆一同用文火慢慢煨煮，再红烧而成。这种独特的风味最早出自南京江宁区的东山镇，故而得名"东山老鹅"。

说起来，吃老鹅的风气最初产生于东山镇东新南路的一家专以老鹅为营生的馆子，馆子的主人是一位地道道的农民。饭馆当街而立，看上去灰头土脸，毫不起眼，但他家用高压锅慢慢煨煮而成的老鹅，让整个东山镇的食客都为之倾倒。每到周末，店门口便早早排起了长龙，店里的桌椅不够，人们就打包带回家吃。后来，这股吃老鹅的风气传到了南京，鼎盛时期，东新南路上每到黄昏时分便停满了从城里开来的车，八方食客则端坐在陋室之中，只为让味蕾满足一番。

如今，在南京街头那些主打金陵本地菜的饭馆里，我们也时不时能吃到这道接地气的东山老鹅，其中不少家的口味尚可。然而，虽然在菜品形式上众多东山老鹅几乎完全一致，但论及口味，对资深的美食家而言，似乎还是东山镇街道上那些灰头土脸的小饭馆的东山老鹅风味最佳。其中最为出名的,就是南京人尽皆知的"新东新老鹅馆"。

我早就听身为"饕餮达人"的友人说过,新东新的东山老鹅香味醇厚,口感咸香,很是美味,虽然垂涎已久,却是不久前才第一次吃到。一样的菜色,经不同饭馆烹饪之后口味为何会有天壤之别呢?在新东新落座后,服务员娓娓道来,我才明白其中一二。决定老鹅口味的因素,无非两个。其一就是食材的选取。听服务员介绍,正宗的东山老鹅都会选取洪泽湖畔自由放养的活鹅,一般都是六个月大小的白色草鹅,这些鹅主要以野菜、野草、五谷杂粮为食,并且从不喂任何饲料。如果鹅太小,肉质过嫩,经文火稍微一煨煮肉就酥烂了,会影响口感;鹅太大,则肉老而柴,也不好吃。六个月大的鹅,肉质恰到好处,不老也不嫩。至于为何选择草鹅,则更好理解:鹅吃得好,鹅肉自然也好吃了。土豆是这道菜肴的另一味主要食材,新东新选的是个头儿大的黄土豆,这种土豆淀粉含量高,口味甘甜细腻。其二在于烹饪手法的不同。据说,地道的东山老鹅在烹饪过程中,还有许多外人所不知的小诀窍。比如,鹅肉要先与生抽、料酒、五香粉、姜片等一同腌制一两个钟头,土豆要先在油锅中微微炸至金黄焦香。烹饪的过程也大有章法:每一锅老鹅都单独用一口小小的高压锅经文火慢慢煨制,至少要炖一两个小时。每次炖三十锅,即炖即吃,无怪乎如此新鲜美味。

吃东山老鹅,要耐得住性子。我与友人一边闲聊,一边等着菜品,左等右等,桌上的茶水都凉了,装在铁钵子里的东山老鹅才姗姗而来。经文火煨煮而出的油汤色泽清亮,油而不腻,味道鲜美。咬一口鹅肉,松软细嫩,酥烂之中透着咸香,实在是难得的美味。夹起一块炖得酥软的土豆块,土豆入口即化,酥香的味道与舌尖缠绵,让人不知不觉间为这美味而醉。

吃罢鹅肉和土豆块,可以让服务员在小钵子下架一口小炉子。待剩下的油汤沸腾,就可以在钵子里涮一些时令蔬菜。清爽的蔬菜吸收了油润的汤汁,入口又是一番别样的风味。

鲜美的鹅肉与独特的烹饪手法碰撞出灿烂的火花,加之整条东山街道上弥漫着的那股独特的吃老鹅的氛围,最终用文火煨煮而成的东山老鹅总能让南来北往的食客神魂颠倒。

江宁区 化腐朽为神奇的炖焖煨焙

南京大牌档（景枫广场店）

地址　江宁区双龙大道1698号景枫广场F308
电话　4001877177

虾黄豆腐
难以抵挡的舌尖诱惑

总觉得，用"夜凉如水"这个词来形容南京古城初夏时节的夜晚是最合适不过的了。南京的初夏之夜，既没有冬日的落寞，也没有盛夏的张扬。在这样的夜晚，凉风习习，大街小巷都充盈着温热而熟悉的人间烟火味儿。此时，邀上三五好友，吃上一顿夜宵，把酒言欢，大快朵颐，最惬意不过了。

说起吃夜宵，自然少不了清新爽滑的虾黄豆腐，它是许多饕客的心头好。正所谓"手剥龙虾黄，巧烩鲜豆腐"，这款颇具创意的江苏名肴是素有"美食天堂"之称的南京大牌档的一道招牌菜，任谁都难以抵制它金黄而鲜香的诱惑。

豆腐是公认的健康食材。千百年来，鲜嫩爽滑的豆腐一直属于中华美食的烹饪主流食材。聪明的中国人更是发明了数百种烹饪豆腐的方法。

南京人在食材方面讲究应时应节，到了夏日里，当季肥美的龙虾很受南京人欢迎。南京人素来爱吃虾，如果将虾黄剥好，佐以豆腐，是不是更具魅力？

虾黄豆腐是由南京大牌档于2015年推出的一道自创名肴，很合历来以嘴刁著称的南京人的胃口，究其原因，与其选材讲究、荤素搭配适宜有关。据说，烹饪这道菜所用的豆腐是店家每日早晨去南京近郊高淳区的豆腐坊里买回来的，是最新鲜的豆腐，味道清新，有一股浓浓的豆香，口感爽滑，软而不烂，韧而不老。每一块豆腐都经过精挑细选，可谓"块块都是宝"。至于虾黄豆腐里的虾黄，也很有讲究。每一盘虾黄豆腐需要用七八只青壳龙虾，后厨先手工将其中肥美鲜嫩的虾黄剥出来，放入冰箱之中冷冻一个晚上，烹饪菜肴时再取出来。之所以不用当日剥出来的新鲜虾黄，是因为它腥味比较重，加之口感比较黏稠，不如冻过一晚上之后的虾黄口感那么好。

无论是虾黄，还是豆腐，都算不上山珍海味。但就是用这两种普普通通的食材，南京大牌档的厨师却烹饪出了不一样的好味道。第一次吃虾黄豆腐，我就被它清新的豆香和爽滑的口感深深折服了。服务员介绍说，虾黄虽然能起到提鲜的作用，但有一股腥味，会破坏菜肴的口感。因而，后厨会将虾黄在清水中焯一下，佐以葱花、姜丝，以去腥提味。腥味消散之后，再倒入一大勺清鸡汤，一股浓郁的鲜香之味便扑面而来。精心挑选的农家豆腐则以大火烧开，再以文火煨煮五分钟，如此烹制而成的豆腐，每一块看上去都如白玉一般温润细腻。

端到我面前的一碟虾黄豆腐，一黄一白搭配在一起，互相映衬，细腻之中还带着贵气，如同一位肤如凝脂，身披着黄色袍子，正俏生生地等待着食客揭开神秘面纱的贵妇人。

我舀了一勺，轻轻纳入口中，一瞬间，萌生了一种"峰回路转"的感觉。这金灿灿、白嫩嫩的菜肴看似浓烈，实则口味清淡飘逸，又透着若有若无的清香。豆腐软嫩至极，却毫不破损，入口即化。最难能可贵的是，如此香嫩可口的菜肴丝毫尝不出作料的味道，却能不断撩拨着你的食欲，让你越吃越想吃。

清新的豆腐遇上鲜香的虾黄，两者的味道完美地交织在一起，不仅成就了彼此，也成就了这道南京大牌档的招牌菜肴。

李记大碗皮肚面

地址　江宁区悦民路小吃街
电话　13815447716

大碗皮肚面
浓浓猪油香

　　皮肚面是南京的一道风味名吃。满满当当一碗皮肚面盛在大碗里，汤料充盈，食材众多，鲜美爽口。皮肚面更像是面食界的一个大杂烩，一碗面条里面的食材有十余种，皮肚、香肠、猪肝、肉丝、鸡蛋、西红柿、木耳、青菜……琳琅满目，好不热闹！

　　这一大碗皮肚面中，最为考究的一味食材要数皮肚。南京人制作皮肚，专挑膘肥壮硕的猪，悉心将肉皮上每一块肥膘都剔净，将干净的肉皮放入锅中，用清水熬煮至半透明状，捞起沥水晾干。再将适才剔除的肥膘熬制成浓香的猪油，将肉皮下入油锅，煎炸至微微焦黄。煎炸的火候也很讲究，非老师傅亲自督工不可。这样炸出来的皮肚呈诱人的金黄色，细软香脆，入口即化。不少食客在享用皮肚面时觉得光吃里面的皮肚不过瘾，还会添上几元钱，让老板多加一份皮肚，好大快朵颐一番。

　　烹饪皮肚面时，煮面条也是有讲究的。首先将面条下入清汤，煮至六七成熟捞起。在用猪骨头熬制的浓汤中放入些许花椒、八角、白砂糖、酱油、细盐、生姜，再放入皮肚、番茄酱、榨菜丝、肉丝、青菜、猪油，煮至沸腾时下入面条。若是嗜辣，添入些许辣椒油，又是另一番风味。

对许多南京人而言,一天的生活就是从一碗丰盛鲜香的皮肚面开始的。匆匆起床,在楼下的面馆里吃上一碗皮肚面,再踏上上班的路途。在南京街头众多的皮肚面馆之中,李记大碗皮肚面以分量足、汤汁浓、味道鲜而闻名,深受食客喜爱。

我一大清早来到江宁区悦民路小吃街的这家李记大碗皮肚面,店铺里已坐了不少人。店家起旺火烧水,点大灶下面,黄灿灿的皮肚、粉嫩嫩的香肠、水汪汪的肉丝、娇滴滴的腰花、红彤彤的番茄片、翠绿绿的菜秧子、黑黢黢的木耳……各色食材如小精灵般欢快地在锅里的汤水中翻滚着、跳跃着,不一会儿就煮熟了。老师傅利索地抄起漏勺,将面捞起,轻轻抖两下,将多余的水分抖掉,顺手盛入放在一旁的大碗里,浇上一勺浓郁的高汤,舀上一小勺香喷喷的辣油,淋上几滴爽口的陈醋,一碗分量十足、鲜美浓郁的大碗皮肚面就端上桌了。我眼看着老师傅做面的整个过程如行云流水一般,一气呵成。

李记大碗皮肚面的汤头或面条也好,浇头或配菜也好,一直保持着高水准。听说,老板每天一大早就会去菜市场买新鲜的大骨头,用文火慢慢熬制,并加入番茄片作为打底,这样做出来的汤头口感微辣中透着酸,喝起来很清爽。汤里也没有放太多味精等重口味的作料,因此,即使喝下一整碗汤,也不会口干舌燥。面条用的是正宗的手擀面,细细的、滑滑的,嚼劲十足。这里的浇头就更不用说了,分量足、种类多、食材新鲜,搭配着洁白的面条,五颜六色,很是热闹。

若是吃下一碗皮肚面还觉得不过瘾,可以买上一两根酥脆的老油条或几块香喷喷的锅巴,就着面条的汤汁一块儿吃。经面汤泡过的老油条或锅巴,吸满了汤汁,咬上一口,鲜香弥漫。

在李记大碗皮肚面馆里,无论是花甲老人、稚气的幼童,还是窈窕矜持的年轻女子,抑或膀大腰圆的年轻壮汉……但凡见了这鲜香爽口、撩人食欲的皮肚面,都会埋头品尝碗中的美味,不一会儿,偌大一碗面就见底了。也许,在每一个老南京人的脑海中,都会时常浮现出这样一幅画面:秦淮河畔烟雨朦胧,斑驳的古城墙脚下,一位瘦高的南京男人斩下半只桂花鸭,就着一大海碗皮肚面,在历史的云烟中品味着金陵古都的人间烟火。

溧水区
精雕细琢的色香味相 >>>>>

茅山连绵,河湖相拥,在这里,不仅能呼吸到最清新的空气,还能品尝到最天然的美食。来到溧水,流连于湖光山影之间,处处皆是大自然最慷慨的馈赠。

靖靖食品厂门店

地址　溧水区洪蓝镇金牛南路39号

电话　025-57230247

玉带糕
一品玉带俏江南

说起南京的各色糕点，玉带糕算是其中的一道绝味。玉带糕又被老南京人称为"四镶玉带糕"或"一品玉带糕"，是南京溧水区的一道传统糕点。玉带糕工艺考究，口感上乘，以冰糖、红梅、青梅、桃仁、莲子、桂花、橘饼、米粉、麻油等作为原料，经传统手工艺烹饪而成。新鲜出炉的玉带糕，上面一颗颗黄色的核桃恰似黄金，绿色的青梅碧如翡翠，莲子白如珍珠，橘饼润如玛瑙，四周还有一圈用米粉镶嵌而成的白边（"四镶法"），恰似一条玉带，玉带糕也由此得名。不过，市面上能买到的玉带糕都是切成片的，并不是一整个玉带糕。

据说，用"四镶法"精制而成的玉带糕既有糕点特有的微微黏韧的口感，又片片不粘。而糕与"高"谐音，因而备受老南京人青睐。谁家的孩子考上了大学或者找到了好工作，亲朋好友免不了买上一两条玉带糕送过去，预示着"步步高升"。久而久之，玉带糕也成了老南京之间馈赠亲朋好友的佳品。

听家中老人说，玉带糕由来已久，迄今已有200多年的历史。相传，清朝年间，乾隆皇帝下江南，途经洪蓝镇古刹"无想寺"，步入寺内歇息。寺内和尚殷勤周到，特意献上这道糕点，让乾隆皇帝品尝。糕点色泽鲜亮，香味清雅，乾隆皇帝食过后龙颜大悦，连声称赞："此糕玉白味美哉，形似朕之御带。"来自洪蓝镇的糕点便得名"御带糕"。回京以后，乾隆皇帝下旨，让江苏巡抚将此糕点作为贡品，年年进贡，并时常在宫中御花园内与众位嫔妃品尝，博得美人欢笑。从此，来自洪蓝镇的"御带糕"扬名天下，人们又觉得这糕点白润如玉，于是又称其为"玉带糕"。

我虽是地地道道的南京人，头一次吃玉带糕却是在前年。那年，我第一次去婆家过春节，临走前婆婆特地交代"出门前别忘了带几块玉带糕在身上"。现在，我和老公已习惯过完春节，从婆婆手中接过两盒玉带糕，放入包中。对于溧水人而言，这块糕点既是寓意着"年年高"的好彩头，又是暖老温贫、用于充饥的恩赐之物，还是差旅途中必不可少的一道"平安符"。

我虽是个不折不扣的吃货，但玉带糕包装毫不起眼，外形也平淡无奇，起初，我对这传统糕点并无太大兴趣。这盒糕点看起来与被切断的云片糕并无二致，闭着眼睛也能想到，原料无非就是糯米、芝麻、白糖之类的。它既不像苏锡糕团那般芬芳甜蜜，又不如嘉湖细点那般重油解馋，比起老婆饼、龙须酥等细腻香滑的糕点，恐怕更是不如。因此，头一次将玉带糕背回家中，我足足有半个多月碰都没碰它。直到有一天下班晚归，到家已是饥肠辘辘，老公提议，用玉带糕来"溜溜缝儿"。

轻轻将那层纸揭开，一股微甜的米香扑鼻而来，我不禁伸手撕下几片尝了尝。啊，那味儿实在美妙，纯粹的清甜里还透着一些桂花的馥郁芬芳，经过这么长时间的搁置，糕点非但没有丝毫的干硬，反而十分软糯，很是耐嚼。这玉带糕不仅能充饥，而且很养胃，还可以泡在汤、水或粥里吃。从此以后，我对玉带糕有了好感。午睡醒来，泡上一杯南京特产的雨花茶，再配上十几片玉带糕，细细品味，糕点里的核桃仁和芝麻带来一丝若有若无的回甘，满口余香，而这顿下午茶也健康低糖，让人吃得毫无罪恶感。

今年回婆家过年，我和老公特意

去洪蓝镇上溜达。老街上一派繁华，不时可见大大小小的糕点铺子，都是"前店后厂"的格局。来到靖靖食品店，小小一间店铺，却有玉带糕、蜜饯糕、方片糕、墨子酥等十余个品种。老板还热情地领着我们去后屋参观糕点的制作过程。一位胖胖的师傅热情地递给我们刚出炉的玉带糕品尝，只觉得芬芳可口，很有味道。

我期盼着，有一天玉带糕能走出洪蓝古镇，走出南京古都，让众多热爱美食的人都能品尝到它的馥郁和清甜。

大娘水饺（溧水万辰苏果店）

地址　溧水区永阳镇宝塔路9号

电话　025-56613668

香菇蒸饺
嘴中弥漫的清馨

蒸饺，是中华民族的一种传统节庆美食，每逢春节，在南北各地的餐桌上都不少见。然而，南京的蒸饺却别有一番风味：论外观，它精巧而美观；论口味，它以清新著称，不油不腻。

在南京街头的大小饭馆中，蒸饺是一道常见的美食，馅料多以荠菜、香菇、笋等蔬菜与鲜猪肉馅儿调制而成。南京蒸饺清新爽口的滋味来自其中的时蔬。在南京街头口味繁多的蒸饺之中，最受老南京人欢迎的还要数香菇蒸饺。鲜嫩的猪肉糜里渗入了浓郁的汤汁，一粒粒香菇融入猪肉糜之中，包好的蒸饺上笼蒸熟之后，肉嫩而汁饱，轻咬一口，吮吸一下汤汁，一股浓浓的清新香味在口中弥漫开来。

据史料记载，明朝建文帝朱允炆是一个不折不扣的小吃爱好者，尤其钟爱蜜三刀、糖粥藕、金刚脐、桂花酿，而且早晚必吃金陵的香菇蒸饺。该蒸饺最早来自江南首富沈万三创建的润香阁。后来，一位在润香阁刚刚出师的白姓小厨被送入明朝宫廷，在御膳房里负责伺候当时还是皇太孙的朱允炆。那时，年幼的朱允炆对皮薄馅鲜的蒸饺情有独钟，但猪肉馅料的蒸饺连着吃几个,难免会腻味。一日,白姓小厨一时兴起,将当日清晨送入宫中的香菇剁碎成丁,掺入猪肉糜中。蒸饺出笼以后,皮儿薄薄的,圆鼓鼓的,里面灌满了鲜香的汤汁。一口咬下去,汤汁四溢,鲜香浓郁,细细咀嚼,猪肉糜中的香菇清新爽口,完美地化解了五花肉制成的肉馅的油腻之味。几个香菇蒸饺吃下来,虽然满嘴流油,但那股清新的香气浓而不腻,冲冲地一直灌入口鼻之中。后来,这道深受建文帝喜爱的小吃从深宫之内传入民间,成为南京当地的一道特色小吃。

如今,香菇蒸饺依旧深受南京人喜爱,仍是南京街头时常可以吃到的一道美食,无论是作为早餐,还是闲暇时的零食,都是不错的选择。但是,真正口味浓而不腻的香菇蒸饺是相当难得的。第一次在"大娘水饺"吃香菇蒸饺,我就被它清新而鲜香的口味吸引住了。

这家在宝塔路上当街而立的饺子铺已经有些年头了,周围不少居民都是吃着它的蒸饺长大的。其中最有名的就是两种口味的蒸饺。一种是以猪肉馅儿配上香菇丁,即香菇蒸饺。这种饺子荤素搭配恰到好处,吃上一口,清新的汤汁流得满口都是,完美地还原了小时候所熟悉的蒸饺味道。另一种是全素口味的蒸饺,馅料一般为当季的绿叶蔬菜,诸如马兰头、小青菜、菊花脑等,配上白干丁、黑木耳,再撒上一些炒熟的白芝麻,淋上几滴麻油。咬一口,浓浓的麻油香混合着时蔬的清香,让人唇齿留香。

很多食客好奇这蒸饺里面那浓郁的汤汁从何而来。后来,我向老板娘打听,才知道这家的蒸饺在烹饪技法上借鉴了著名的南京汤包。每次调制香菇蒸饺的馅料时,老板娘都会将五花肉上那层薄薄的猪皮剔下来,放入清水之中,佐以糖、姜、细盐调味,撒上些许胡椒粉、料酒去腥,以文火熬煮数个钟头,直到成为肉皮汤。肉皮汤放凉以后,就凝结成了晶莹剔透的肉皮冻。调制馅料时,将切碎的肉皮冻放入其中,上火一蒸,肉皮冻就融化成浓而不腻的汤汁了。

从明朝年间的宫廷,到如今南京街头的市井,香菇蒸饺陪伴着南京人走过了无数的光阴。催人老的岁月对鲜嫩多汁的香菇蒸饺格外柔情,它非但没有随着时光的流逝从南京人的生活中淡去,反而沉淀出了别样的香味。

豆腐王朝

地址 溧水区通济街吴江大润发后门附近

电话 18012914827

溧水区 精雕细琢的色香味相

南京臭豆腐
败絮其表，金玉其中

　　臭豆腐是我国一道历史悠久的风味小吃，虽然闻起来有些臭臭的，但吃起来香酥可口，只要尝过一次，许多人就会被它特殊的风味所深深折服。传统意义上的臭豆腐是以发酵乳与某种蔬菜调配而成的混合卤水、鱼肉卤水或其他肉类卤水发酵而成的，有的甚至会同时使用这三种卤水。口味纯正的臭豆腐所用的卤水都是连续用了几个星期、几个月，甚至几年的老卤，味道更为醇厚，也更臭。

　　在长沙、南京、绍兴和福建的一些城市，漫步于市井之中，对南北美食很好奇的食客总会被街头小摊传来的一股奇异味道所吸引，这种味道就来自臭豆腐。虽然臭豆腐是南方各地常见的一种小吃，但各地臭豆腐的风味有所不同，其中以南京和长沙两地的臭豆腐最为出名。

　　南京的臭豆腐主要分为两种，一种是青墨色的豆腐干，另一种是灰白色的嫩豆腐。将青墨色的豆腐干下入油锅之中，以滚油炸透，它的表皮会隆起一层小泡，颜色也从原来的青墨色逐渐转变成带着淡淡灰色的黑色。将这种臭豆腐切成小块，穿在竹签上，刷上一层香香辣辣的辣椒酱，粘上一层白芝

179

麻，吃起来口味香醇，绵软之余还有嚼劲。另一种嫩豆腐下入油锅后，颜色逐渐由灰白转变为金黄色，起锅后刷上辣椒酱、芝麻、香菜、葱末、姜末，外酥里嫩，口味香浓。

1941年发表在《吾友》杂志上的《艺术家和臭豆腐》一文中写道："我自己时常想到臭豆腐的妙处，既不是大鱼大肉山珍海味般的油腻，也不像豆腐白菜一般清汤寡水，更不似葱蒜辣椒之流，味道刺激，食之有害于身体。它是一种不厚不薄、不腻不淡的适口的小吃食，其美令人捉摸不透，更非笔墨所能形容……臭豆腐还平民化，每个平民都有享受的机会。"

臭豆腐虽说是平民的食物，却很受名人热捧。中国著名外交家顾维钧博士是土生土长的江苏人，他最爱的就是南京这口香酥咸鲜的臭豆腐，几乎每顿饭都要备上一小碟臭豆腐，如若没有，就"若有所憾"。当年，他出访英国，因为伦敦没有臭豆腐，就带了一个南京当地的厨子，专门烹制臭豆腐给他解馋。有一回，一位英国朋友来家中做客，问是什么东西。顾维钧答曰："中国小发明，风味甚佳。"友人想吃，却被他拦下："这东西尚在研究之中，等他日研制成功，再请一试。"不多日，他出席完日内瓦会议后，就开始向友人大肆宣扬这种"中国科学豆腐"了。顾维钧多次表示，臭豆腐是中国"特制的妙品，以豆腐为原料，调味完全采用科学方法，使之入味而香浓，再以熟油煎炸，香味隽永，香酥可口"。于是，南京臭豆腐因为顾维钧先生的钟爱，得以在海外名噪一时。

不过，臭豆腐归根结底还是平民之饮食。1946年，上海《文饭》杂志上刊登的一篇文章写道，吴稚晖对臭豆腐情有独钟，尤其爱吃街头小贩用肩挑着的油氽臭豆腐。他的午餐经常是一碗红烧牛肉面，加上五六块臭豆腐。不过，他总是一个人偷偷去上海茄勒路上吃，吃完扔下钱就走。被面馆老板发现后，他就再也不去那里吃了。

通济街上的豆腐王朝已经开了有些年头，听店里的老板说，街上不少孩子都是吃着他家的臭豆腐长大的。他家用来搭配臭豆腐吃的酱料分为两种，一种是老派的，就是一些辣椒水，咸中透着辣味。另一种是在辣椒水里添入萝卜丁和腐乳，鲜香开胃。一份臭豆腐盛在盘子里，有七八块，香辣的汁水淋上去，别提有多入味了。

内行人尝臭豆腐，先尝豆腐坯子。好的豆腐坯子在滚油中久炸不烂，黑色的沉淀物均匀地分布在臭豆腐的表面。因此，吃臭豆腐时，可以先试着不要蘸酱，尝一口臭豆腐的坯子，如此就可辨别出臭豆腐坯子所用原料的好坏。豆腐王朝的臭豆腐，咬上一口，外层香酥爽脆，里层绵软细腻，据说用的是上好的高淳豆腐。再淋上些汁水，洒上蒜汁，作料的味道完全渗入臭豆腐中，咬一口，汤汁流淌在唇齿间，豆腐的软嫩之中透着香辣味，真是过瘾极了！

就这样，一年又一年，南京街头许多小摊贩靠着耐心、细致与心灵手巧，成就了南京街头永远飘散着的这股特殊香味，也让南来北往的饕客爱上这份独特美食。

高淳区
街头巷尾的人间美味 >>>>>

山环水绕,河网密布,若问何处是江南,高淳处处是江南。固城湖中肥美丰硕的大闸蟹,街旁小铺汤汁四溢的大汤包,老街磨坊里清晨悠然飘出的阵阵豆香味,何必再去苦苦追寻那梦想中的世外桃源呢?

寻味南京

固城湖蟹黄汤包

地址　高淳区淳溪镇中山大街101-103号

电话　18912917869

蟹黄汤包
皮薄如纸 吹弹可破

蟹黄汤包是南京地区的一道传统小吃,其特色是皮薄如纸、吹弹可破,以"制作绝、形态美、吃法奇"的特点在金陵古城的各色美食中拔得头筹。蟹黄汤包所选用的食材十分考究,馅料为新鲜肥美的蟹黄和蟹肉,汤汁为经文火煨煮的原味土鸡汤,制作工艺堪称精妙绝伦。南京每年还会举办蟹黄汤包美食文化节,让八方食客大饱口福。

蟹黄汤包是金陵美食一绝,距今已有200余年的历史。听家中老人说,它曾经是朝廷贡品。相传,蟹黄汤包最初起源于清朝乾隆年间。当时,乾隆皇帝六下江南,途经南京龙袍时品尝了当地乡民们特意为其烹饪的包子。这种包子以新鲜肥美的蟹黄和蟹肉为馅儿,乾隆吃后龙颜大悦,连声称赞。乡民们受宠若惊,并将这种包子取名为"乾隆汤包"。清朝末年,陶戡师傅在划子口街道上创办了"太平春饭馆",延续了乾隆汤包的传统制作工艺,并对包子馅儿进行了改良,佐以各种香料,这样一来,汤包更多汁鲜美,并由此更名为"蟹黄汤包",誉满乡间。

每逢秋日蟹肥膏美的日子，我总忍不住步入街旁卖蟹黄汤包的小铺子里，吃上几个。中山大街上这个铺子里的蟹黄汤包个儿不大，皮薄如纸，几近透明。我将小蒸笼轻轻一晃，就能看到这些圆乎乎的小汤包里面的汤汁也随之轻轻晃动，这等柔嫩，简直吹弹可破。

我一边吃汤包，一边与服务员闲聊。原来，这家店馅心的汤料选材十分讲究，选用的是上好的新鲜猪皮肉、田间散养的土鸡、猪腔骨，将这些食材放在一起用文火熬制一晚上，才能得到一锅"清而不腻、稠而不油、味道鲜美"的汤包馅心。汤包的皮儿要达到薄如纸的标准，在擀皮儿的时候就要四周薄，而中心比四周略微厚一些。要达到这种功力，不苦练上两年是不可能的。做出的汤包宛如一朵含苞待放的玉菊花，饱满而圆润。蒸汤包的时间误差不能超过十秒，这样才能保证汤包鲜嫩醇正的口感。因此，蒸汤包时师傅必须全身心投入。这等汤包，光是看着，就是一种美的享受。

看着眼前一个个晶莹剔透的汤包，我告诉自己，不要着急下口，不然就要出洋相了。相传，当年乾隆皇帝第一次到南京吃汤包，汤包刚端上桌，他就夹起一只，张嘴就咬，结果一股汤汁喷射出来，烫得他狼狈不堪。伺候的人赶紧迎上前来，教给乾隆皇帝一条吃蟹黄汤包的口诀，即"轻轻提，慢慢移，先开窗，后吸汤"，一试之下，果然奏效。

我先用店家为客人贴心准备的吸管在汤包薄薄的皮儿上开了一扇"小窗"，将吸管探入"小窗"内，慢慢吮吸鲜美的汤汁。吃到汤包皮时，蘸一点儿醋，香软之中带着微微酸味的汤包皮从喉咙滑过，真是奇妙极了！

在南京品尝蟹黄汤包，既是一种享受，又是一份独特的情趣。旧时，蟹黄汤包是用于招待贵客的名点，如今，寻常百姓也有了大快朵颐的机会。每逢蟹黄汤包上市的日子里，人们或邀约朋友，或举家同行，在酒楼里一起品尝蟹黄汤包，蟹黄飘香，欢声笑语绕梁。人们在品尝这人间美味的同时，也享受着难得的人伦之乐。

固城湖螃蟹

地址　高淳区固城湖螃蟹
电话　025-57335853

固城湖大闸蟹

人间的至鲜美味

金秋时节，秦淮河畔的金陵古城桂花飘香，缕缕花香沁人心脾，又到了一年一度蟹肥膏美的好日子。来南京吃蟹，固城湖大闸蟹是首选。固城湖大闸蟹是南京市高淳区固城湖所产螃蟹的特称，素来被誉为"蟹中之冠"。固城湖水域方圆数百里，水草丰茂，碧波荡漾，生长在这里的螃蟹，无论是体态还是肉质，在螃蟹家族中都是佼佼者。每逢金秋时节，从固城湖里打捞上来的每一只大闸蟹都有七八两重，这种蟹肉质鲜嫩，蟹膏肥美，肥而不腻，很对南京人的胃口。

相传，民国初年，"京师四大名医"之首的施今墨是出了名的饕客，他尤其爱吃蟹。他将产自各地的蟹分为六个等级，包括湖蟹、江蟹、河蟹、溪蟹、沟蟹和海蟹，其中湖蟹拔得头筹，而产自固城湖的大闸蟹又位列湖蟹之首，就好比当年科举考试时夺魁天下的状元郎。据说，有一年初秋，施大名医也许是被暑气所伤，眼见着天气转凉了，仍是茶饭不思。一日，好友将固城湖的新鲜大闸蟹给他提上了门。他立即让夫人用井水蒸煮，佐以酱油和陈醋。在晴好的秋日里，一边细细品味着肥美的固城湖大闸蟹，一边喝着温热的黄酒，这是何等美味！施今墨胃口大开，一顿饭下肚，病已好了大半。此后，他逢人就夸，固城湖鲜嫩肥美的大闸蟹比药还管用。

今年秋天，正巧一位大学时的好友来南京出差，我临时起意，带她去吃在南京颇负盛名的固城湖大闸蟹。我们挑了固城湖人气最旺的这家店，店名也简单直接，就叫"固城湖螃蟹"。这家店是大闸蟹专营店，可堂食可零售。只在农历九十月份经营，生意非常兴隆。我们去的时候，只见新鲜打捞的螃蟹还在门口的大水缸里舞动着蟹钳，耀武扬威，很是活跃。

我经常去吃大螃蟹，久而久之，也成了半个挑螃蟹的行家里手。挑螃蟹，第一步是要辨雌雄。通过蟹"肚脐"的形状就能辨别出公母。肚脐在螃蟹的腹部，公蟹的肚脐是尖尖的，母蟹的肚脐则是圆圆的，分别称为"尖脐"和"团脐"。常言道，"九月团脐，十月尖"，又有"九雌十雄"的说法。这俗语暗示的是吃蟹的时间：农历九月，母蟹黄很饱满，油脂细腻，是食用的最佳时节；到了农历十月，公蟹膏白，口感油润丰腴，是食用的最佳时节。因此，吃固城湖的螃蟹，农历九十月是最佳时期。

分辨完公母，再根据螃蟹的外形判断其肉质的优劣。分为四看：一看颜色，金爪黄毛、青背白肚者为上乘之品；二看个体，个儿大而厚实，手感沉甸甸的是肥硕鲜美的好蟹；三看腹脐，腹部厚重而饱满，肚脐微微向外凸出，轻轻掀开腹脐，隐隐约约可见到黄色者为佳；四看蟹腿，蟹腿上毛发丛生，腿部坚挺有力的螃蟹最为肥硕。

"沧溪""黄金甲""青松"是固城湖大闸蟹诸多品种中最有名的几种，我和友人一样来了两只。店主现捉现做，将螃蟹从清水中捞起，洗净，之后放在蒸笼里慢慢蒸煮。

要吃上这应季的鲜美螃蟹，可需要一些耐心。我和友人边聊边等，约莫一个小时，两个细细竹子编成的蒸笼才端上桌来了。掀开蒸笼，一只只被麻绳捆绑的大闸蟹安安静

静地趴在那里，外壳呈金红色，油光水润，诱人食欲。

我徒手抓起一只，放在盘子里，等它稍凉一些，便将它大大的蟹钳弄碎，夹起一块雪白肥美的蟹肉，在盛着蘸料的小碟子里轻轻一蘸，立即送入口中。蟹肉清淡而饱满，吸饱了蘸料，又带着浓郁的陈醋味儿，很是爽口。接着，我扒开蟹壳，夹起一大块蟹黄，甚至连料都没蘸就直接送入口中，大嚼特嚼。蟹油浓郁的香味在口中弥漫开，挑逗着舌尖丰富的神经，真是至鲜至美！

固城湖畔，凭窗而坐，九月的秋风徐徐吹来。细细品着鲜美肥厚的蟹黄，轻轻抿着温好的米酒，看着湖光山色，我的心也在不知不觉中醉了。

高淳老街土菜馆

地址　高淳区高淳老街迎薰门美食街迎薰门6号

电话　025-57322197

高淳区

街头巷尾的人间美味

老街豆腐

舌尖上的清新豆香

南京市高淳区被誉为"江南圣地","日出斗金,日落斗银",是江南不折不扣的鱼米之乡。这里水网密布,河流稠密,一年四季很鲜明,雨水也很充沛。这里出产的水产品与豆制品也因其口感鲜嫩、质量上乘而深受南京食客喜爱。

每年腊月二十前后,高淳区家家户户就开始张罗着打豆腐,穿梭于沿街的农户家中,处处一派热闹欢腾的景象。对于小孩子来说,这也许是一年当中最有趣的时候了,因为只要在旁边围观,就能尝到一碗刚出锅还冒着袅袅热气的豆腐脑。清新的豆香味与腾腾热气交织在一起,萦绕于舌尖,窜入鼻子中,让人回味无穷。

有一年春节前夕,几位大学同窗来南京游玩,我驱车领着他们去高淳区感受一番最具南京乡土特色的新年。我们在高淳的老街上慢悠悠地闲逛着,不经意间,我发现一面临街的纱窗后面,有几位穿着蓝色印花衣裳的女子正低头忙碌着。只见她们两人一组,动作利索地解开一个软塌塌、四四方方的纱布包，里面是块完整而巨大的豆腐，白嫩嫩的，分外诱人。

旋即，这些女子人手操起一把刀，手起刀落，这块巨大的豆腐眨眼之间便被切成了数千块。我的同学在一旁看得目瞪口呆，连连感叹。接着，这些女子摊开一面手帕那么大的纱巾，抓起一小块豆腐，摆在纱布上面，拇指往前一拨，两只小指朝左朝右分别一挑，腕力向前一送，这个方方正正的小布包就被放置在前面的木板上了。不一会儿，木板上的小布包就堆成了一座小山，我们这些在窗口隔着纱窗看热闹的人连连叫好。

我正好奇这是什么地方，抬头就发现了头顶上悬挂着的大红灯笼，上面印着"薛记"两个金色大字。前方几步之遥，一扇木门敞开着，一位男子身着红色唐装，正将一包包豆腐块搬到一辆面的上，趁着上午的工夫派送给高淳老街上的各家饭馆。原来，我们来到的是高淳老街上的老字号——"薛记"豆腐坊。据说，这里的豆腐块选用的都是上等的黄豆，要磨制，并经过三次滤渣和压制，最后以薛记代代相传的秘制配料熬煮。听老街上的人介绍，薛记豆腐坊每天凌晨两点就开始泡发黄豆，几十道工序都以手工操作完成，一直到上午10点，豆腐干（老街上的人将这种豆腐块称为"豆腐干"）才煮好出锅。

老街上的乡亲还告诉我们，老街豆腐干分为臭干子和香干子两种。臭干子呈淡淡的绿色，有一种淡淡的香味与臭味夹杂在一起的奇妙味道，名臭而实香，鲜香爽口；而香干子则咸淡适口，香味醇厚，甜而不腻，在唇齿间慢慢咀嚼，有一股鲜嫩嫩、甜津津、咸润润的口感，满口弥漫着豆香味。当地人还推荐我们去美食街上的高淳老街土菜馆品尝一下高淳老街的豆腐干，他家选用的原料正是出自薛记。

我们一行人来到店中，正值饭点，不算宽敞的一层店面里，每张八仙桌前都坐着食客。我们好不容易才在角落里找到一张空桌子。这家土菜馆的招牌菜就是高淳老街豆腐干和高淳豆腐丸。老街豆腐干以砂锅煨煮而成，淋上一勺红油，放上一把香菜，热气袅袅，一股清新的豆香味夹杂着辣油的味儿扑面而来。夹起一块，咬一口，香辣的汤汁从豆腐的空隙里溢出来，流淌于唇齿之间，鲜香开胃。高淳豆腐丸也是当地的一道传统农家菜，选用的是薛记生产的豆腐丸子和农家土猪肉，以素油煎炸，再以卤汁红烧而成。夹一个豆腐丸子入口，豆香味浓郁，回味绵长。

  酒足饭饱，漫步于年味儿十足的老街上，我不禁感叹，这小小的黄豆，从夜半时分起，经过无数道工序，凝聚着手艺人无尽的心绪，直到日上三竿，才能脱胎换骨，成为豆腐里的一分子。虽然已过去了一段日子，但高淳豆腐那清新醇厚的味道不知何时已铭刻在我脑海之中，并时不时牵动着我的味蕾。

本图书由北京出版集团有限责任公司依据与京版梅尔杜蒙（北京）文化传媒有限公司协议授权出版。

This book is published by Beijing Publishing Group Co. Ltd. (BPG) under the arrangement with BPG MAIRDUMONT Media Ltd. (BPG MD).

京版梅尔杜蒙（北京）文化传媒有限公司是由中方出版单位北京出版集团有限责任公司与德方出版单位梅尔杜蒙国际控股有限公司共同设立的中外合资公司。公司致力于成为最好的旅游内容提供者，在中国市场开展了图书出版、数字信息服务和线下服务三大业务。

BPG MD is a joint venture established by Chinese publisher BPG and German publisher MAIRDUMONT GmbH & Co. KG. The company aims to be the best travel content provider in China and creates book publications, digital information and offline services for the Chinese market.

北京出版集团有限责任公司是北京市属最大的综合性出版机构，前身为1948年成立的北平大众书店。经过数十年的发展，北京出版集团现已发展成为拥有多家专业出版社、杂志社和十余家子公司的大型国有文化企业。

Beijing Publishing Group Co. Ltd. is the largest municipal publishing house in Beijing, established in 1948, formerly known as Beijing Public Bookstore. After decades of development, BPG now owns a number of book and magazine publishing houses and holds more than 10 subsidiaries of state-owned cultural enterprises.

德国梅尔杜蒙国际控股有限公司成立于1948年，致力于旅游信息服务业。这一家族式出版企业始终坚持关注新世界及文化的发现和探索。作为欧洲旅游信息服务的市场领导者，梅尔杜蒙公司提供丰富的旅游指南、地图、旅游门户网站、App应用程序以及其他相关旅游服务；拥有Marco Polo、DUMONT、Baedeker等诸多市场领先的旅游信息品牌。

MAIRDUMONT GmbH & Co. KG was founded in 1948 in Germany with the passion for travelling. Discovering the world and exploring new countries and cultures has since been the focus of the still family owned publishing group. As the market leader in Europe for travel information it offers a large portfolio of travel guides, maps, travel and mobility portals, Apps as well as other touristic services. Its market leading travel information brands include Marco Polo, DUMONT, and Baedeker.

DUMONT 是德国科隆梅尔杜蒙国际控股有限公司所有的注册商标。

DUMONT is the registered trademark of Mediengruppe DuMont Schauberg, Cologne, Germany.

杜蒙·阅途 是京版梅尔杜蒙（北京）文化传媒有限公司所有的注册商标。

杜蒙·阅途 is the registered trademark of BPG MAIRDUMONT Media Ltd. (Beijing).